走进博物馆

北京地区博物馆大全

Museums in Beijing Area

北京市文物局
首都博物馆联盟 编

北京出版集团公司
北京出版社

图书在版编目（CIP）数据

走进博物馆：北京地区博物馆大全／北京市文物局，
首都博物馆联盟编. — 北京：北京出版社，2013.1
ISBN 978-7-200-09558-6

Ⅰ. ①走… Ⅱ. ①北… ②首… Ⅲ. ①博物馆—介绍
—北京市 Ⅳ. ①G269.271

中国版本图书馆CIP数据核字（2012）第294495号

策　　划：李清霞
项目负责：袁　海　董维东
责任编辑：黄雯雯　阎珊珊
责任印制：毛宇楠　彭军芳
书籍装帧：胡白珂

走进博物馆
北京地区博物馆大全
ZOUJIN BOWUGUAN
北京市文物局　首都博物馆联盟　编

出　版　北京出版集团公司
　　　　北 京 出 版 社
地　址　北京北三环中路6号
邮　编　100120
网　址　www.bph.com.cn
总发行　北京出版集团公司
经　销　新华书店
印　刷　北京盛通印刷股份有限公司
版　次　2013年1月第1版第1次印刷
开　本　889毫米×1194毫米　1/32
印　张　6.125
字　数　200千字
书　号　ISBN 978-7-200-09558-6
定　价　28.00元
质量监督电话　010-58572393

编写说明

一、《走进博物馆——北京地区博物馆大全》是新中国成立以来第一部全面、系统、科学地反映北京地区博物馆文化的普及性出版物。

二、截止到 2012 年，北京地区注册登记的博物馆已达到 165 家；对于目前尚不对外开放的博物馆暂未收录在内。

三、本书收录的各博物馆名称和排序均以北京市文物局公布登录名的名称和排序为准。

四、本书按照"社会历史类""自然科学类""文化艺术类"进行篇章分类；各篇章以博物馆注册时间为依据进行排序，并按照"总体概述""展览导引""馆藏珍品""相关点评"进行栏目呈现。

"总体概述"：展现各博物馆资源及特色；"展览导引"：介绍展陈项目及内容；"馆藏珍品"：推介镇馆之宝或经典馆藏；"相关点评"：评述博物馆特色、典藏珍品或相关知识。

五、本书各博物馆以信息栏形式为参观者提供温馨服务，内容包括：地址、电话、公交、自驾、开放时间、票价、预约信息、优惠信息、特别提示，信息截止到 2012 年 12 月。

六、本书索引按照拼音对各博物馆进行排序，便于参观者检索。

序言

博物馆是国家、民族、地区、城市保存历史记忆，进行文明传承的重要载体。

自 1949 年新中国成立以来，北京地区博物馆的建设始终走在全国前列。改革开放以来，北京地区博物馆建设得到空前的大发展。近年来，在北京市委市政府的高度重视和支持下，伴随着社会经济的发展和博物馆管理法规体系的不断完善，北京的博物馆事业取得了令人瞩目的成绩。截止到 2012 年，北京地区注册登记的博物馆总数已经有 165 家，居全国城市前列，提前实现了到 2020 年全国每 20 万人拥有一座博物馆的目标。

北京地区的博物馆总体规模大、数量多；地域特色鲜明、公益性质突出；国家各部委主办的大馆多、藏品丰富、展陈质量高；门类品种齐全，涵盖众多门类，是全国博物馆品种类别最丰富的地区。2008 年以来，借北京奥运会契机，北京地区博物馆软硬件设施得到了全面改善，基础工作进一步加强，社教、科普工作不断创新，展览及宣传活动空前活跃，大型综合博物馆与小型专题馆互为补充，初步形成了具有鲜明地域特色的博物馆公共文化服务体系。

北京地区博物馆是北京城市文化的重要标志和形象，

1

城市精神是一个城市独具特质的精神品格，是展示城市形象、引领城市发展的内在力量，是城市市民认同的精神价值与共同追求。北京地区博物馆是对北京精神最集中、最全面、最形象、最深刻的阐释。

《走进博物馆——北京地区博物馆大全》作为北京地区博物馆的普及性读物，通过对北京地区博物馆的介绍，展现北京的古都文化底蕴，将为弘扬中华民族的优秀文化、推动东西方文化的交流与融合发挥桥梁作用，为塑造北京国际大都市形象、展示北京地区博物馆独特魅力发挥应有的作用。同时，对于全面推进和实施市委市政府建设"人文北京、科技北京、绿色北京"，对于实现把北京建设成为具有中国特色世界城市，也具有重要意义。

本书编写组

目录

CONTENTS

社会历史类博物馆
Society & History

自然科学类博物馆
Science & Technology

文化艺术类博物馆
Culture & Arts

温馨提示图标说明

 地址

 电话

公交

自驾

开放时间

票价

预约信息

 优惠信息

特别提示

互动

让我们一起走进 博物馆

社会历史类

博物馆

Society & History

故宫博物院

- 北京市东城区景山前街4号
- 010-85007422 85007420
- 公交车1、5、10、20、22、52、54、57、120、802、特1路中山公园或天安门站下车，乘9、17、44、48、53、59、66、110、307、803、808、819、922、特4、特7路前门站下车；地铁1号线天安门东或天安门西站下可到
- 由东二环朝阳门桥往西，经朝阳门内大街、东四西大街、五四大街，左转往南进入北河沿大街，至东华门大街路口右转往西可到
- 8：30开始售票，旺季16：00停止售票，17：00闭馆，淡季15：30停止售票，16：30闭馆。除法定假日和暑假（每年7月1日至8月31日）外，每周一下午闭馆。遇法定假期、重大活动或特殊情况开放时间会作调整，详见故宫博物院官方网站（www.dpm.org.cn）公告
- 旺季：60元，淡季：40元。珍宝馆、钟表馆参观门票分别为10元。身高1.2米以下儿童可以随监护人免费参观
- 预约系统网址为gugong.228.com.cn
- 大中小学生（含港澳台学生，不含成人教育、研究生），可凭学生证购买学生票，20元／人；60岁以上（包括60岁）老年人凭有效证件，门票半价优惠；离休干部凭离休证免费参观，残疾人凭残疾人证件免费参观，持有本市社会保障金领取证的人员，门票半价优惠；"六一"儿童节、"三八"妇女节、"八一"建军节时，特定人群可享受特殊优惠；每周二（不含法定节假日）对全国中小学生集体参观实行免票
- 故宫为木质古建筑，请观众们自觉禁烟；自2011年7月2日起，故宫博物院实行自南向北单向参观路线，即观众一律从午门进入故宫，从神武门（北门）、东华门离开

走进博物馆

北京地区博物馆大全

Museums in Beijing Area

总体概述

故宫是明、清两代皇宫（紫禁城），1961年被国务院公布为第一批全国重点文物保护单位，1987年被联合国教科文组织列入《世界遗产名录》，2007年被评为首批国家5A级景区，2008年被列为国家一级博物馆。

故宫博物院成立于1925年，建立于故宫及其收藏的基础之上，是兼容建筑、藏品与蕴含其中丰富的宫廷历史文化为一体的国家一级博物馆，位于北京市中心，前通天安门，后倚景山，东近王府井街市，西临中南海。

故宫博物院在保存和复原前三殿（太和殿、中和殿及保和殿）、后三宫（乾清宫、交泰殿及坤宁宫）以及西六宫等处的原状陈列外，又开设了珍宝馆（宁寿宫）、钟表馆（奉先殿）、陶瓷馆（文华殿）、书画馆（武英殿）等专馆。院内设有"天府永藏展""龙凤呈祥——清帝大婚庆典展"等常设展览，每年也会以特定主题推出临时展览。

展览导引

紫禁城内宫殿建筑布局沿中轴线向东西两侧展开，最具代表性的宫殿建筑分为城池、外朝和内

故宫建筑群

九龙壁

廷3个部分。城之南半部分以太和、中和、保和三大殿为中心，两侧辅以文华、武英两殿，是皇帝举行朝会的地方，称为"前朝"。北半部分则以乾清、交泰、坤宁三宫及东西六宫、御花园为中心，其外东侧有奉先、皇极等殿，西侧有养心殿、雨花阁、慈宁宫等，是皇帝和后妃们居住、举行祭祀和宗教活动，以及处理日常政务的地方，称为"后寝"。

馆藏珍品

作为全国文物藏品最为丰富的博物馆，故宫博物院院藏文物体系完备、涵盖古今、品质精良。现有藏品总量已达180余万件（套），分25种大类别，69项小类别，以明、清宫廷文物类、古建类、图书类藏品为主，其中珍贵文物168万件。

不仅如此，故宫博物院绝无仅有的独特藏品，是世界上规模最大，保存最完整的紫禁城木结构宫殿建筑群。它是中华民族的骄傲所在，也是全人类的珍贵文化遗产。如今，昔日皇宫禁地那占地78万平方米的重重宫阙，既是收藏明、清皇室珍宝的巨大宝库，也是记载明、清宫廷历史的鲜活档案。因此，故宫博物院的生命线，就依附在紫禁城宫殿中，顺着它的文化脉络生长、延伸。

相关点评

成立于1925年的故宫博物院，建立在明、清两朝皇宫——紫禁城的基础上。历经500年兴衰荣辱，帝王宫殿的大门终于向公众敞开。

走进故宫博物院，沿中轴线前行，从起伏跌宕的建筑乐章中可以感受盛世皇朝的宏大气势；透过东西六宫精巧的陈设和内廷范围雅致的格局，可以捕捉宫廷生活的温婉气息；从养心殿东暖阁卷起的黄纱帘下，可以追溯百年前中华民族内忧外患的历史沧桑……然而，这并不是故宫博物院的全部。

走过80多个春秋的故宫博物院，不仅一如既往精心保管着明、清时代遗留下来的皇家宫殿和旧藏珍宝，而且通过国家

角楼

3

清·田黄三联玺

元·掐丝珐琅缠枝莲纹象耳炉

宋·定窑白釉孩儿枕

完整地了解中华民族工艺美术的伟大成就。

步入21世纪以来，故宫博物院开展了历史上规模最大的古建维修工程，在让古老的紫禁城焕发新生的同时，也向人们生动地展示着弥足珍贵的传统建筑工艺。当前，故宫博物院的研究人员正在对古建筑、院藏文物、宫廷历史文化遗存、明清档案、清宫典籍和80多年的故宫博物院历程进行着更为深入细致的研究。建立起完整的"故宫学"体系，意在向人们揭示紫禁城中蕴含的博大精深的中华民族智慧和文化精神。

曾经，受经济条件和技术手段的限制，故宫博物院和昔日殿宇重重的帝王宫殿一样，似乎总是蒙着神秘的面纱。但是，近10年来，步入信息化时代的故宫博物院，利用最先进的数字化技术和设备，在虚拟的时空中建立起一座和紫禁城同样辉煌的"数字故宫"，将紫禁城里取之不尽的文化资源奉献给远方的观众朋友，已经不再是遥远的梦想……

故宫博物院正以越来越开放的姿态，邀请人们走进这片曾经神秘的领地，走进中华传统文化的圣殿。

调拨、向社会征集和接受私人捐赠等方式，极大地丰富了文物藏品，形成古书画、古器物、宫廷文物、书籍档案等领域蔚成系列、总数超过180万余件的珍贵馆藏。漫步在故宫博物院的常设文物专馆，或者欣赏频繁推出的专题文物展览，可以更

走进博物馆

北京地区博物馆大全

Museums in Beijing Area

中国国家博物馆

⌂ 北京市东城区东长安街 16 号
☎ 010-65116400
🚌 公交车 1、1 间、2、10、20、37、52、59、82、99、120、126、203 夜、205 夜、210 夜、728、专 1、专 2 路天安门东站下车；地铁 1 号线天安门东站下车（C、D 出口），2 号线前门站下车（B 出口）可到
🚗 由东二环建国门桥往西经北京站西街、前门东大街至广场东侧路路口往北转可到（停车不方便，建议公交出行）
🕘 9：00-17：00（15：30 停止售票，16：00 停止入馆，17：00 闭馆），周一闭馆（国家法定节假日逢周一亦闭馆）
💰 免费
✉ 团体观众（20 人以上）须提前电话预约 7 日内免费参观券并于参观当日携带单位介绍信到北门票务中心领票后从北门进入参观。团体参观预约电话：010-65116400（9：00-16：00），观众咨询投诉电话：010-65116188（9：00-16：00）。零散观众可在开放时间从西门票务中心凭有效证件（包括：身份证、护照、军官证、士兵证、中小学生学生证）领取当日免费参观券，参观本馆免费对外开放的展览，目前不需要预约即可直接领票后从西门进入参观。零散观众参观不限人次，团体参观每日限额 5000 人次，额满为止。个人网上预约（www.chnmuseum.cn）：可提前预约第三至七日的免费参观券，注册并成功登录后，可根据需要选择日期进行预约，并于参观当日，携本人注册时使用的有效身份证件和预约码到该馆北门票务中心换领免费参观券。手机短信方式预约：可以预约自第二天起的 7 日以内的免费参观券。移动、联通、电信用户均可通过手机短信方式预约。编辑短信"Y+4 位数参观日期（2 位月份，2 位日期）+ 有效身份证件姓名"，发送到 10660208。例如，张三预约 5 月 1 日参观，则编辑"Y0501 张三"发送到 10660208（有效身份证件包括：身份证、驾照、护照、军官证、士兵证、中小学生学生证）
❗ 不能使用闪光灯和三脚架，禁止拍照的展览见馆内说明；收费项目：语音导览器租用

总体概述

中国国家博物馆位于天安门广场东侧，与人民大会堂遥相呼应，2003 年 2 月在原中国历史博物馆和中国革命博物馆两馆合并的基础上组建成立，隶属于中华人民共和国文化部，是以历史与艺术并重，集收藏、展览、研究、考古、公共教育、文化交流于一体的综合性国家博物馆。

中国历史博物馆的前身为 1912 年 7 月 9 日成立的国立历史博物馆筹备处。1949 年 10 月 1 日，在中华人民共和国成立的同日，

中国国家博物馆学术报告厅

更名为国立北京历史博物馆，1960年更名为中国历史博物馆。中国革命博物馆的前身为1950年3月成立的国立革命博物馆筹备处，1960年正式命名为中国革命博物馆。1959年8月，位于北京天安门广场东侧的两馆大楼竣工，为新中国成立10周年十大建筑之一，同年10月1日，在国庆10周年之际，开始对外开放。

中国国家博物馆是世界上建筑面积最大的博物

艺术长廊

馆，坚持"以人为本"的科学发展理念，以"贴近实际、贴近生活、贴近群众"为宗旨。把优秀历史文化、革命文化和当代中国先进文化保护好、传承好、展示好、发展好，赓续民族血脉、弘扬民族精神，是中国国家博物馆的光荣使命。同时，展示世界优秀文明成果。为适应

构建公共文化服务体系和建设学习型社会的需要，中国国家博物馆要建设成为广大公众特别是青少年学习历史和文化知识、接受爱国主义教育和接受审美教育与文明熏陶的生动课堂。

中国国家博物馆一定要更好地发挥展示中华文化的重要窗口作用，培育民族精神的重要基地作用，引领文博事业科学发展的重要示范作用。

2007年3月至2010年底，中国国家博物馆进行了改扩建工程，馆舍总建筑面积近19.8万平方米，硬件设施和功能为世界一流，藏品数量为120余万件。2012年3月1日，中国国家博物馆新馆正式开放。同年7月9日，举行了建馆100周年庆典活动。

展览导引

中国国家博物馆新馆，共48个展厅，设有"古

新石器·玉龙

元·白釉黑花婴戏图瓷罐

唐·羽人花鸟纹金银平脱铜镜

春秋·青铜提梁卣

商·军事刻辞牛骨

中国国家博物馆中央大厅

代中国""复兴之路"两个基本陈列及各艺术门类的专题展览，并有国际交流展览及临时展览。

馆藏珍品

后母戊鼎：后母戊鼎于1939年3月18日在河南安阳武官村出土，因器腹部内壁铸有铭文"后母戊"而得名。"后母戊"是某位商王母亲的庙号。此鼎高133厘米，口长110厘米，口宽79厘米，重832.84千克，显示出了一种不可撼动的气势，是目前所知中国古代最重的青铜器。

后母戊鼎形制巨大，轮廓方直，雄伟庄严，厚立耳，折沿宽缘，直壁深腹平底，腹部呈长方形，下承四柱足。器耳上饰一列浮雕式鱼纹，首尾相接，耳外侧饰浮雕式双虎食人首纹，腹部周缘饰饕餮纹，足上端饰浮雕式饕餮纹，下衬三周凹弦纹，疏密有致，工艺精湛。

相关点评

鼎的起源可以一直追溯到新石器时代，早在8000年前就出现了陶制的鼎。当时作为一种日常炊具，主要用以煮饭，到了商代，作为一种祭祀用的礼器，青铜鼎被神秘和威严化，这一时期的青铜文明辉煌灿烂，在世界古代文明史上占有重要地位。

西汉·金缕玉柙

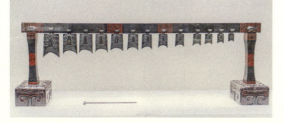
战国·青铜编钟

北京鲁迅博物馆

🏠 北京市西城区阜成门内大街宫门口二条 19 号
📞 010-66164080　66156548
🚌 电车 102、103、101 路，公交车 13、603、21、42、44 路阜成门内大街站下车可到；地铁 2 号线阜成门站 B 出口可到
🚗 自驾车由西二环阜成门桥往东，经阜成门内大街，往担经阜成门内北街、宫门口二条可到
🕐 9：00～16：00（15：30 停止进馆，周一闭馆）
💴 免票（凭有效证件）实名登记（学生证、身份证、医保卡等）
✉ 团体参观提前 3 日预约讲解，不限人数
❗ 可拍照，无停车位

总体概述

北京鲁迅博物馆是为了纪念和学习中华民族的思想文化巨人鲁迅先生而建立的社会科学类人物博物馆，1956 年 10 月 19 日正式开馆，主要担负着鲁迅研究、鲁迅遗著、遗物的征集与保管，鲁迅文化的宣传与展示等任务。馆藏文物 3 万余件，其中包括鲁迅手稿、藏书、拓片等珍贵文物。北京鲁迅博物馆内的阜成门内西三条鲁迅旧居是 1924 年鲁迅亲自设计和改建的。旧居中展示的日常用品，都是鲁迅及其家人使用过的原物。鲁迅在北京生活、工作的 14 年间，曾居住过 4 处地方。北京鲁迅博物馆是北京保存最完好、唯一对外开放的鲁迅旧居。

展览导引

北京鲁迅博物馆的参观内容分为两部分：鲁迅生平陈列厅，按照鲁迅生平足迹主要驻留之处，分为在绍兴、在南京、在日本、在杭州、在北京、在厦门、在广州、在上海纪念部分；鲁迅旧居，就在鲁迅生平陈列厅的西侧，旧居门外还保留着当年西三条胡同的原貌。

馆藏珍品

鲁迅的二十一岁断发照和《自题小像》诗：是鲁迅精神的最好写照。鲁迅一生曾录写此诗 7 次，陈列厅中展出的是 20 世纪 80 年代征集到的鲁迅晚年赠送日本友人的《自题小像》手迹。

鲁迅地质学轶文手稿：这篇手稿写于 1903 年，比李四光等人发表的首篇地质论文还早 10 年。这样，鲁迅便被认定为中国第一位撰写地质学论文的学者。

鲁迅仙台医专医学笔记：当年鲁迅回绍兴迁居时，将一部分不准备带走的书籍和手稿寄存在朋友家里，医学笔记被误放在其中。新中国成立后，绍兴鲁迅纪念馆征集文物时，发现了这些笔记，并送交许广平，许广平把这些笔记捐献给了北京鲁迅博物馆。

相关点评

鲁迅博物馆仿佛一座殿堂，成为人们造访的一处圣地。半个多世纪以来，鲁迅精神影响力之大，在知识界不亚于任何学派。

北京鲁迅博物馆内的鲁迅旧居

毛主席纪念堂

⌂ 北京市东城区天安门广场
☎ 010-66132277 65117722
🚌 公交车1、10、20、52路或地铁1号线天安门东站或天安门西站下；地铁2号线前门站下
🚗 由东二环建国门桥往西，经北京站东街、北京站西街、崇文门西街、前门东大街至广场西侧路路口往北可到
🕐 全年周二至周日：8:00—12:00，其中7月1日至8月31日：7:00—11:00（国家法定节假日、有关纪念日、天安门广场有活动另行通知；3月1日至3月20日经行每年一次的设备维护和检修，暂停对外开放）
🎫 免费（凭本人有效证件入场）
✉ 请提前2日预约，预约团队请登录人民网（www.people.com.cn）毛主席纪念堂专题网页，咨询电话010-65117766
❗ 瞻仰毛主席遗容、参观领袖革命业绩纪念室，请不要携带书包、照相机、摄像机、水壶等物品；馆内禁止吸烟；自觉接受安全检查

毛主席纪念堂

总体概述

毛主席纪念堂是党和国家的最高纪念堂，是全国爱国主义教育示范基地，始建于1976年11月，1977年5月落成，气势恢宏，庄严雄伟，主体建筑为具有中国民族风格的正方形廊柱式建筑。在这座宏伟的大厦里，安息着20世纪中国人民最伟大的领袖——毛泽东。

展览导引

毛主席纪念堂瞻仰主线由北大厅、瞻仰厅、南大厅组成。北大厅是举行纪念活动的地方，大厅中心为汉白玉雕刻的毛主席坐像；瞻仰厅正中的水晶棺内安放着毛主席遗体，大厅正面白色大理石墙壁上镶嵌着镏金大字"伟大的领袖和导师毛泽东主席永垂不朽"；南大厅的汉白玉墙面上，镌刻着毛主席亲笔书写的诗词《满江红·和郭沫若》手迹。堂内二楼设有毛泽东、周恩来、刘少奇、朱德、邓小平、陈云6位领袖革命业绩纪念室，以庄重的陈列、珍贵的文物、翔实的史料，生动地反映了6位领袖为中国人民革命和建设事业所建立的丰功伟绩。

馆藏珍品

毛泽东在开国大典时使用的话筒、周恩来在病重期间记录在台历上的工作安排、刘少奇出国访问时穿的西装、朱德最后一次交纳党费的收据、毛泽东与邓小平共同使用的台灯以及陈云使用的算盘等珍贵文物。

相关点评

毛主席纪念堂自开放以来，无论是热浪袭人的盛夏，还是冷风刺骨的寒冬，每天都有数以万计的国内外来宾，怀着崇敬和缅怀的心情前来瞻仰参观。这里是全国各族人民向往的地方。

毛泽东纪念室

社会历史类博物馆

Society & History

中国人民抗日战争纪念馆

🏠 北京市丰台区卢沟桥畔宛平城内街 101 号
📞 010-83892355-207 或 281
🚌 公交车 77、301、309、310、313、329、339、452 路抗战雕塑园站下车向北步行 5 分钟左右即到（宛平城内）
🚗 由西三环六里桥走 G4 京港澳高速，从五环路出口离开走 G107 国道行驶约 700 米，红绿灯向右转行驶可到
🕐 9：00—16：30（16：00 停止取票，每周一闭馆，法定节日和重大抗战纪念日照常开放）
🎫 免票（个人凭有效证件领取参观门票）
📧 50 人以上团体敬请提前预约，在约定时间内凭介绍信领取团体参观票
🔊 每周二提供定时免费讲解
❗ 收费项目：中文讲解 100 元／场（50 人以内），外文讲解 200 元／场（50 人以内）；提供语音导览器，每台 20 元租金（押金 100 元）。请自觉配合安检；衣着不整请勿入馆

走进博物馆

北京地区博物馆大全

Museums in Beijing Area

总体概况

中国人民抗日战争纪念馆是全国唯一一家全面反映中国人民伟大抗日战争历史的大型综合性专题纪念馆，全国爱国主义教育示范基地，全国首批重点红色旅游景区，国家一级博物馆，国家4A级旅游景区，全国首批廉政建设教育基地。现占地面积35000多平方米，建筑面积21000多平方米，陈列面积6700多平方米，馆藏文物2万余件，一级藏品117件（套）。建设成为爱国主义教育基地、抗日战争史料收集和研究中心、对外民间交流的窗口和联系港澳台同胞以及海外侨胞的桥梁，是建馆

中国人民抗日战争纪念馆

伊始中央赋予该馆的三大任务，是抗战馆一以贯之的工作根本指针。建馆以来，共接待了80余个国家和地区的观众1700余万人次。

展览导引

抗战馆目前的基本陈列名为"伟大胜利——纪念中国人民抗日战争暨世界反法西斯战争胜利大型主题展览"，展览以"伟大胜利"为主题，全面再现了中国人民14年浴血抗战的历史画卷。共分8个部分：第一部分："民族危机、救亡兴起"；第二部分："国共合作、共赴国难"；第三部分："抗战灯塔、中流砥柱"；第四部分："日军暴行、惨绝人寰"；第五部分："浴血疆场、民族壮歌"；第六部分："得道多助、国际支援"；第七部分："历史胜利、巨大贡献"；第八部分："以史为鉴、面向未来"。

馆藏珍品

聂荣臻赠送朱良才的勃朗宁手枪：2010年5月25日，该馆举办"纪念开国上将朱良才诞辰110周年暨子女捐赠文物仪式"，朱良才之女朱筱秋将此枪捐赠该馆。

相关点评

朱良才（1900—1989年），抗战时期，任晋察冀军区政治部主任，为晋察冀根据地的军事斗争提供了强有力的政治保障，他还积极倡导和组织开展模范党支部和杀敌立功运动，及时发现和宣传"狼牙山五壮士""民兵英雄李勇""子弟兵的母亲戎冠秀"等先进典型。1955年朱良才被授予上将军衔。因朱良才在第二次反"围剿"时右臂受伤，留下了终生残疾。抗战时期，晋察冀军区司令员兼政治委员聂荣臻得到一支勃朗宁袖珍手枪，转赠于他，用于防身。朱良才极为珍视，一直带在身边。后存于北京军区。

宋庆龄故居

- ⌂ 北京市西城区后海北沿 46 号
- ☎ 010-64044205-815（票务）
- 🚌 公交车 5、27、44、55、83、305、315、380、409、625、635、909、919 路德胜门站下车可到
- 🚗 由北三环马甸桥往南走德胜门外大街、德胜门内大街至新街口东街路口前调头往北，右转进入滨海胡同可到
- 🕐 9：00~16：00（平日无休）
- ¥ 20 元
- 🔖 中小学生半价

总体概述

中华人民共和国名誉主席宋庆龄同志故居坐落在北京风景秀丽的后海北岸。这里原来是末代皇帝爱新觉罗·溥仪的父亲载沣的王府花园，是一处雍容典雅、幽静别致的庭院，占地面积2万多平方米。新中国成立后，周恩来总理受党和政府的委托，决定借此王府花园，在原有主体建筑以西，接建一幢两层主楼，作为宋庆龄的住所。宋庆龄自1963年4月迁居于此，一直工作和生活到1981年5月29日逝世。1981年10月，这里被命名为"中华人民共和国名誉主席宋庆龄同志故居"，1982年5月29日正式对外开放。

馆藏珍品

孙中山签署遗嘱的钢笔：这是一支英国制造的Waterman's牌自来水笔，褐色，胶木笔杆儿，上面有精美细密的花纹。1925年3月11日，已处于病危状态的孙中山由宋庆龄托着手，用这支笔分别在他的《国事遗嘱》《家事遗嘱》和《致苏联遗书》上签字。3月12日晨，一代伟人溘然长逝。

相关点评

这里既是宋庆龄故居，又是醇亲王府的花园，具有双重文物遗址的特性。宋庆龄是20世纪最伟大的女性之一，她同这个世纪里中国和国际上的许多重大事件都有联系。观众来到这里，不仅可以了解宋庆龄，表达对宋庆龄的景仰，也能够对中国近现代史有更加深入的了解，同时还可以欣赏清代园林建筑之美。园内保留着王府花园的布局和风格，古木浓荫，楼堂掩映，山石叠嶂，湖水回环，充满诗情画意。

宋庆龄去世之后，宋庆龄故居很快就被完整保护起来，其原状陈列都保持着宋庆龄生前生活起居的原貌。这里与故宫博物院、天坛一起，在《中国大百科全书·博物馆卷》中共同被列举为"大型原状陈列"。

宋庆龄雕像

故居雪景

故居海棠花

社会历史类博物馆

Society & History

中国人民革命军事博物馆

- 北京市海淀区复兴路9号
- 010-66866248　66866244
- 公交车1、21、57、65、320、337、802路军事博物馆站下车可到；地铁1号线和9号线（在建）军事博物馆站下车可到
- 自驾车由西二环复兴门桥往西，沿复兴门外大街、复兴路，至军博西路路口往北可到
- 周二至周日　夏季8：30—17：30（17：00停止入馆），冬季8：30—17：00（16：30停止入馆）
- 免费
- 个人凭有效身份证件领票；团体观众提前3日电话预约，提前领票。预约电话：010-66866248　66866244
- 目前展览大楼正在实施加固工程，基本陈列已全部撤展。施工期间，该馆在南广场陈列了大型武器装备供参观

展览大楼加固改造工程后的东北向效果图

走进博物馆

总体概述

中国人民革命军事博物馆于1959年创建并于1960年8月正式开放，是隶属解放军总政治部的中国唯一的大型综合性军事博物馆。军博展览大楼是国庆10周年首都十大建筑之一，建筑面积6万平方米，陈列面积3.77万平方米。军博以展示中华民族5000年军事史，特别是中国共产党领导的军事斗争史和人民军队建设成就史为主要任务，是宣传党的指导理论的重要阵地、展示我军光辉历史的重要平台、传承中华军事文化的重要载体、开展爱国主义和革命传统教育的重要基地、促进中外军事文化交流的重要窗口，是文博系统的"红色大馆"。截至2011年12月，军博共有"古代战争馆""近代战争馆""土地革命战争馆""抗日战争馆""全国解放战争馆""抗美援朝战争馆""新中国国防与军队建设成就馆""兵器

馆""中国人民解放军对外交往友谊馆""军事艺术馆""程允贤雕塑艺术展"11个基本陈列,其中6个陈列获得过全国博物馆"十大精品陈列""观众最喜爱的陈列展览"等全国性奖项或荣誉。

近10年来,军博举办了多个大型主题性展览,如纪念抗日战争胜利60周年的"民族先锋——中国共产党抗日英烈展"、纪念长征胜利70周年的"伟大壮举 光辉历程展"、纪念建军80周年的"我们的队伍向太阳——新中国成立以来国防和军队建设成就展""复兴之路展""汶川抗震救灾展""汶川重建3周年展"等,均在社会上产生了巨大反响,受到中央、中央军委领导和各界观众的高度肯定。

50多年来,中国人民革命军事博物馆接待观众约1亿人次,先后获得国家有关部门颁发的全国优秀爱国主义教育示范基地、全国优秀科普教育基地、优秀国防教育基地等荣誉称号。

展览导引

经中央军委批准,2012年军博展览大楼加固改造工程正在实施。该工程是在原址改建,保留现展览大楼南部沿长安街一侧3.03万平方米建筑,将北部2.97万平方米楼体拆掉重建,并向北拓展。加固改造工程完成后,展览大楼建筑面积将扩至14.8万平方米,展陈面积扩至近7万平方米,新的陈列体系以军事历史为主,辅以军事科技、军事艺术陈列,内容涵盖中国人民解放军军史陈列、中国历代军事陈列、军事科学技术陈列、军事艺术陈列、临时展览等五大部分。工程实施期间,军博南广场陈列的兵器将继续对外开放。前广场共有6个大型兵器展区,主要陈列坦克、装甲车辆、飞机、火炮和导弹等。展览大楼西侧的博兴大厦一层和地下一层继续面向社会承接政治、艺术、科技性的临时展览。

馆藏珍品

馆藏文物:目前,军博共收藏34万多件文物及资料。其中国家一级文

展览大楼门前雕塑《三军战士》

土地革命战争馆展厅

"伟大壮举　光辉历程"序厅

身经百战的各类武器装备及我国自行研制的武器装备，还有一大批珍贵的艺术品，如王盛烈国画作品《八女投江》、何孔德油画作品《古田会议》、陈逸飞和魏景山的油画作品《攻占总统府》、潘鹤雕塑作品《艰苦岁月》等。

相关点评

2012年8月，该馆新的陈列体系建设方案获得批准，其结构进行了大胆的调整和充实。展览内容大为拓展、丰富，主题鲜明，重点突出。该馆结构和布局较为科学合理，将采用最先进的展陈手段进行布展陈列，使文物展品与展厅环境实现完美结合。整个陈列展览美观、大气、流畅。同时，观众休闲服务空间、多媒体视频演播、数字查询、第二课堂等功能得到有效加强。文物藏品的保护手段将得到全面提升，军博将由此步入世界一流军事博物馆之列，成为面向国内外更加权威、更具影响力的宣传文化阵地。

物1793件、大型武器装备207件、油画252幅、国画809幅，对外军事交往中受赠礼品2500多件。不少文物具有极高的文化历史价值，如商青铜编铙、隋铜虎符、元末火铳、清威远将军铜炮、清帝佩刀、清"镇远"舰铁锚、江南制造局制造的钢炮、朱德使用的毛瑟手枪、中华苏维埃共和国中央革命军事委员会钢印、周恩来荣获的一等红星金质奖章、侵华日军总司令冈村宁次投降时呈交的战刀、北平和平解放时傅作义部交出的北平城门钥匙和一大批

中国古代战争馆序厅

14

首都博物馆

⌂ 北京市西城区复兴门外大街 16 号
☎ 010-63370491　63370492
🚌 公交车 1、52 路工会大楼站下车，37 路三里河东路南口站下车，26、45、650、717、727 路白云路站下车可到；地铁 1 号线木樨地站下车可到
🚍 由西二环复兴门桥往西，经复兴门外大街，过地铁木樨地站后调头往东可到
🕐 9：00 —17：00（16：00 停止入馆，周一闭馆，法定节假日除外）
💴 免费（须提前预约）
📞 个人预约电话：010-63393339；团体预约电话：010-63370458
ⓘ 馆内请勿摄像，拍照请勿使用闪光灯及三脚架

总体概述

首都博物馆是一座拥有先进设施的现代化综合性博物馆，是北京市政府投资兴建的面向21世纪的大型现代化文化设施，是新世纪北京的标志性建筑之一。首都博物馆原址位于北京孔庙，新馆于2006年5月18日正式开放，亮相于中华第一街——长安街西延长线上。新馆展陈以首都博物馆历年收藏和北京地区的出土文物为基础，吸收北京历史、文物、考古及相关学科的最新研究成果，借鉴国内外博物馆的成功经验，形成独具北京特色的现代化展览陈列。

首都博物馆建筑本身是一座融古典美和现代美于一体的建筑艺术品，既具有浓郁的民族特色，又呈现鲜明的现代感。建筑设计理念是："以人为本，以文物为本，为社会服务"，强调过去与未来、历史与现代、艺术与自然的和谐统一。它不仅是一座重要的文化设施，同时也是北京地区文物保护、文物研究、面向公众和广大青少年传播爱国主义精神、历史及科学知识的基地，还是北京市举办重大

首都博物馆外景

社会历史类博物馆

Society & History

15

首都博物馆礼仪大厅

礼仪和庆典活动的重要场所，也是人民群众旅游和休闲的理想去处。

首都博物馆以其宏大的建筑、丰富的展览、先进的技术、完善的功能，成为一座与北京历史文化名城、文化中心和国际化大都市地位相称的大型现代化博物馆，并跻身于国内一流、国际先进的博物馆行列。

展览导引

首都博物馆主体建筑为地上五层、地下二层，内部为3栋独立的建筑，即：矩形展馆（方厅）、椭圆形专题展馆（圆厅）和条形办公科研楼，三者之间的空间则为中央大厅和室内竹林庭院。自然光的利用、古朴的中式牌楼、下沉式的翠竹庭院、潺潺的流水，营造构建了一个兼具人文、自然情调的环境。首都博物馆的定位决定了首都博物馆展览的构成："古都北京·历史文化篇"是首都博物馆展陈的核心，表现了恢宏壮丽的北京文化、不断递升并走向辉煌的都城发展史；"京城旧事——老北京民俗展"和"燕地青铜艺术精品展"等7个馆藏文物精品展览是对北京文化展现的补充和深化；临时展览是研究与观赏北京文化与其他地区文化、中国文化与世界文化交流关系的舞台。参观从方厅开始，二层为"古都北京·历史文化篇"，四层为"古代瓷器艺术精品展"和"古代佛像艺术精品展"以及"馆藏京剧文物展"，五层为"京城旧事——老北京民俗展"。圆厅从二层开始分别为"古代绘画艺术精品展""古代书法艺术精品展""燕地青铜艺术精品展""古代玉器艺术精品展"和"北京佛塔文物展"。同时，可以在地上一层和地下一层的临时展厅观览不断推出的各类专题临时展览，并在圆厅一层多媒体互动区体验现代科技与古老文明的交融，从艺术品商店带走仪的博物馆纪念品，享受博物馆提供的文化服务。

馆藏珍品

伯矩鬲： 北京房山琉璃河遗址出土。此鬲纹饰十分精美，各部均以牛头纹装饰，主体纹饰皆为高浮雕，给人雄奇威武之感。艺术设计和铸造工艺极为高超，是周初青铜器中的杰作，反映了当时贵族崇尚的周朝礼制。

青花凤首扁壶：该器物是元代青花的代表作品，其器型为草原风格的扁壶状。壶体以昂起的凤首作流，以卷起的凤尾作柄，呈现一种凤鸟飞翔于莲花丛中颇富情趣的情景，融实用与美观于一体，造型生动别致。它是草原文化与中原文化完美结合的产物，体现了中华民族大融合的历史现实，极具观赏价值。

鲜于枢行草《进学解》卷：鲜于枢为元代著名书法家，此卷用大字行草书写唐代韩愈《进学解》，字形大小错落，笔力充沛，一气呵成，用笔中锋直下，点画所至皆有意态，是鲜于枢墨迹作品中具有个人笔势特点的精品。

相关点评

首都博物馆新馆充分体现了兴建新首博的初衷：建设一座与首都作为举世瞩目的历史文化名城相适应的、国内一流、国际先进的大型综合博物馆，使之成为新世纪北京的标志性文化建筑之一。新首博矗立在北京长安街的西延长线上，外观典雅、高贵、含蓄，内容丰富，功能完善，保存和陈列着北京约50万年人居史、3000多年城市史、800余年京都史的珍贵遗存和近现代民俗文化遗存。

收藏、研究、展示、教育是博物馆四大主要功能，首都博物馆新馆充分吸纳和采用了当今世界博物馆的先进技术，在这几方面均达到了国内一流的水准，并以完善先进的设备设施为基础，以人性化服务理念为原则。

首都博物馆的展览陈列以北京地区的出土文物和历年收藏为基本素材，吸收了北京地区历史、文物、考古及相关学科的最新研究成果，借鉴了国内外博物馆的成功经验，形成了独具北京特色的现代化陈列。展览的形式新颖雅致，广泛采用现代化科技手段，总体风格追求"形式高雅、内容通俗"，成为贴近大众的城市博物馆。

首都博物馆作为世界城市之都——北京精神文明的重要窗口，在国际文化交流的平台上，发挥着一个城市博物馆的功能性作用。

周·伯矩鬲

大钟寺古钟博物馆

⌂ 北京市海淀区北三环西路甲 31 号
☎ 010-82139050　82132630
🚌 公交车 361、422、425、718、967、特 8、运通 201、300 路快车外环、658、运通 101 大钟寺站下车可到；地铁 13 号线大钟寺站下车，往西行 300 米可到
🚗 自驾车由北三环行至联想东桥以西，路北可到
🕘 9:00—16:30（16:00 停止售票，周一闭馆）
¥ 20 元
🏷 大学生、外省市老年人 10 元（凭有效证件）；离休人员、现役军人、残疾人、本市中小学生和老年人免费（凭有效证件）；每周三前 200 名观众免费；自动语音导览：有中、英、法、日、韩 5 种语言导览器
❗ 目前该馆正进行整修与改陈工作，暂时闭馆

总体概述

大钟寺古钟博物馆是一座收藏、研究、展示和保护古代钟铃的专题性博物馆。馆舍由觉生寺寺庙古建筑群和现代仿古建筑组成，其中的觉生寺古建筑群始建于雍正十一年（1733年），距今已有280年的历史。觉生寺是清朝雍正皇帝敕建的佛教寺院，因寺内悬有明朝永乐年间铸造的大钟又得名"大钟寺"，曾经是清朝皇家祈雨的重要场所。

展览导引

大钟寺古建筑群由山门、天王殿、大雄宝殿、观音殿、藏经楼、大钟楼、钟楼、鼓楼以及东西两路配殿、廊房组成。"觉生寺历史沿革展"陈列在天王殿内；"中国古代钟铃文化展"分别陈列在大雄宝殿、观音殿、藏经楼、大钟楼及西配殿和廊房内；"外国钟铃展"展出了该馆收藏的外国钟铃，它们来自日本、法国、意大利、俄罗斯、德国等国家。

馆藏珍品

永乐大佛钟：大钟通高6.75米，底口直径3.3米，重约46.5吨，铸于明永乐年间。钟体内外满铸汉、梵两种文字的佛教经文、咒语，共计23万余字。字体清晰，端庄秀丽，无错漏病笔之处，既是中国古代高超的青铜冶铸技术和书法艺术的集合体，也是博大精深的中国佛教文化的独特载体，是国家一级文物，亦是世界佛钟精品，有中国"钟王"之美誉。

相关点评

中国古代钟铃遗物种类很多，就质地而言，主要有：陶、青铜、瓷、铁等类型；就造型而言，器体有扁圆的合瓦形和正圆的筒形或喇叭形，甚至还有方正、球状等各种特殊造型；就发声原理而言，有外击发声的钟型，也有内撞发声的铃型。

钟铃遗物是实用品，如信号工具、装饰品、乐器等；也是艺术品，在造型装饰艺术、铭文书法艺术以及音乐艺术等方面都具有突出的研究价值；还是科技产品，体现了先民对于金属制作技术的掌握和不断创新。

明清·古钟

明十三陵博物馆

⌂ 北京市昌平区明十三陵

☏ 定陵：010-60761424 长陵：010-60761888 昭陵：010-60761435 神道：010-89713314

🚌 公交车345支线、881、888路至昌平东关转314路可到，公交车872路直达

🚗 由G6京藏高速向北行至昌平西关出口离开，按指路牌行驶，经昌平城区、昌赤路、环陵路可到

🕐🎫 旺季时间（4月1日-10月31日）定陵8：00-17：30，65元；长陵8：00-17：00，50元；
昭陵8：30-17：00，35元；神道8：10-17：50，35元
淡季时间（11月1日-次年3月31日）定陵8：30-17：00，45元；长陵8：30-16：30，35元；昭陵
8：30-16：30，35元；神道8：30-17：00，25元

🈹 1.2米以下儿童免票；离休人员、残疾人员、现役军人凭证免票；本市户籍65岁以上老年人持红色优待
卡免票（大型活动期间除外）；60岁以上老年人持老年证或蓝色优待卡半价优惠；大中小学生凭有效证件半
价优惠（不含成人教育、研究生）；持有社会保障金领取证的人员凭证半价优惠（半价不含邮资）

❗ 收费项目：语音导览器租用；讲解员讲解服务收费

总体概述

明十三陵博物馆是1995年在十三陵管理处的基础上建立的，其职责是负责十三陵范围内的文物保护、管理以及参观游览等事项，下设长陵博物馆、定陵博物馆、昭陵博物馆、神道博物馆4个分馆。

明十三陵坐落在北京西北郊昌平境内的燕山山麓，陵域面积80平方公里，是明朝迁都北京后13个皇帝的陵墓所在地。自永乐七年（1409年）五月始作长陵，到崇祯十七年（1644年）明朝最后一位皇帝崇祯葬入思陵止，其营建历史有230余年。陵内共葬有13位皇帝、23位皇后、1位皇贵妃及数十名殉葬宫人。除帝陵外，陵区范围内还建有7座妃坟园寝和1座太监陪葬墓（王承恩墓），以及为帝后谒陵服务的行宫、苑囿等各式建筑并在陵域周围

定陵

的10个天然山口（东山口、中山口、榨子口、西山口、德胜口、雁子口、锥石口、贤庄口、灰岭口、老君堂口），因山设险，修筑城垣、拦马墙等军事防御设施。

1961年，国务院公布十三陵为第一批全国重点文物保护单位。1982年，国务院公布"八达岭—十三陵风景名胜区"为第一批国家重点风景名胜保护区。2003年7月3日，经联合国教科文组织第27届世界遗产大会审议通过，

明十三陵列入《世界遗产名录》。

十三陵是当今世界上保存最为完整、埋葬皇帝最多的墓葬群。

展览导引

目前，明十三陵博物馆共有7个固定展览陈列，其中定陵博物馆3个，长陵博物馆1个，昭陵博物馆2个和神道博物馆1个，即定陵玄宫原状陈列、定陵出土文物陈列、明十三陵历史陈列、永乐皇帝与明长陵历史陈

列、明昭陵秋祭复原陈列、明昭陵帝后史料陈列、神道石雕原状陈列。

馆藏珍品

金冠：金冠是皇帝常服所戴冠，皆系金制。前屋部分用金丝编织，龙身、龙腿等部位采用传统的掐丝、码丝和垒丝工艺，其制作工艺登峰造极，达到了炉火纯青的地步，堪称中国古代花丝工艺中的一件绝妙无比的精品。

百子衣：定陵出土的孝靖皇后的"红素罗绣平金龙百子花卉方领女夹衣"和"红暗花罗绣'万寿'字过肩龙百子花卉方领女夹衣"是两件难得的刺绣艺术作品。

青花梅瓶：定陵出土的青花梅瓶共8件，形制相同，小口微侈，束颈，广肩，瘦腹，平底。其中6件属万历时制，2件属嘉靖时制，对研究明代青花瓷器具有极高价值。

相关点评

第一，十三陵陵区建筑的整体性达到了历史空前水平。长陵神道作为各陵公共的"总神道"出现，有公用的牌坊、石刻群，使陵区建筑紧密相连，形成了一个整体。

第二，天寿山的帝陵墓葬群将古代陵寝制度发展到了最为完备的程度。幽深曲折的神道上依次排列的大红门、神功圣德碑亭、石像生、龙凤门等墓仪设施源自明孝陵制度，但石牌坊、石望柱位置的改变，华表、功臣像的增置等较之明孝陵又更臻完备。

第三，十三陵记载着明朝大部分历史，历史文化内涵十分丰富。天寿山陵寝自开始创建至今已有600余年的历史，它从一个侧面记录了明王朝盛衰兴亡的历史，也记录了明朝文化、艺术、科学和技术的发展状况。

另外，从建筑艺术角度看，天寿山诸陵在陵址的卜选方面更加注重对完美的山川形势的追求，在自然景观与人文景观的有机结合方面取得了辉煌的艺术成就。

明·金冠

明·青花梅瓶

明·石麒麟

明·百子衣

郭沫若纪念馆

⌂ 北京市西城区前海西街18号
☏ 010-83225392
🚌 公交车13、42、701、609、111电车、107电车、118电车北海北门站下车可到
🚗 由东二环东四十条往西，经张自忠路、地安门东大街、地安门西大街右转走前海西街可到
🕐 9：00～16：30（元旦至春节期间及周一闭馆）
¥ 20元
✉ 10人以上团体参观须提前2周预约
🏷 大专院校学生（成人高校学生、研究生除外）、60～69岁老年人半价（凭有效证件）；每周二、五下午18岁以下（含18岁）青少年团体（旅行社组织的青少年团体除外）免费（凭有效证件）；18岁以下（含18岁）青少年个人、残疾人、省部级以上劳动模范、每年7月1日省部级以上优秀党员及优秀党务工作者、现役军人（含武警）、教师、离休人员及本市70岁以上老年人免费（凭有效证件）

总体概述

郭沫若纪念馆位于北京什刹海风景旅游区内前海西畔，原为中医世家乐氏达仁堂私宅。1950—1963年，这里曾是蒙古驻华大使馆和宋庆龄寓所。此后，院落被一分为二。1963年11月，郭沫若由北京西四大院5号迁入其东侧中式四合院庭院建筑部分。直至1978年6月病逝，这里既是郭沫若的寓所，也是中国科学院院长办公室所在地。

展览导引

垂花门内郭沫若的

郭沫若故居秋景

办公室、卧室、客厅和夫人于立群的写字间还保持着主人在世时的景象。东西厢房和后排两侧的房间辟为陈列室，介绍这位20世纪中国文化名人的理想追求、治学之路和他的情感世界。这里也是中国郭沫若研究会和中国郭沫若历史学奖常设机构所在地。

馆藏珍品

"沧海遗粟"木匣： 木匣里曾经装有9种甲骨金文著述手稿，是郭沫若流亡日本期间的学术研究精华。

郭沫若用过的助听器： 郭沫若自16岁起，因病听力几乎完全丧失。但对于自己的残疾他从不自悲，从没有停止过追求和奋斗。

《咏武则天》手迹： 在夫人于立群的写字间中间横悬着郭沫若的行草《咏武则天》，这是诗人在自己的历史剧《武则

天》搬上舞台后，书赠夫人的一首七律。

相关点评

郭沫若(1892—1978年)，中国现代史上的文化巨匠。"沫若"是留日时期启用的笔名，"五四运动"时创作了著名新诗集《女神》，以自由体的创新艺术手法，表现了"五四"时期对个性解放和追求新生的向往，是我国新诗的奠基之作。抗战爆发后，只身归国从事抗战文化和学术研究活动，写出《屈原》《青铜时代》等大量"有大益于中国人民"的史剧史论。新中国成立后，郭沫若历任政务院副总理、中国科学院院长、中国文联主席等。他一生笔耕不辍，为中华民族文化的辉煌作出了不朽的贡献。郭沫若去世后，有《郭沫若全集》38卷行世。

社会历史类博物馆

Society & History

21

梅兰芳纪念馆

⌂ 北京市西城区护国寺街 9 号
☎ 010-83223598
🚌 公交车 22、38、47、409、626、690 路护国寺站下，进护国寺街；公交车 13、42、107、111、118、701 路厂桥站下，向北进护国寺街；55 路刘海胡同站下可到
🚐 自驾车由德胜门桥往南走德胜门内大街右转至护国寺街可到
🕐 9：00~16：00（周一闭馆）
🎫 10 元
ℹ 学生、现役军人、老年人、残疾人半价优惠（凭有效证件）

总体概述

梅兰芳纪念馆原为梅兰芳故居，为北京市市级文物保护单位。梅兰芳逝世后，夫人福芝芳及子女将家藏大量珍贵戏曲资料及各种文献捐献给国家，现为梅兰芳纪念馆收藏。梅兰芳纪念馆1986年10月27日正式对外开放，是一座典型的北京四合院，朱漆大门上悬挂着邓小平同志亲笔题写的匾额"梅兰芳纪念馆"。进门后迎面青石砖瓦的大影壁前，安放着一座梅兰芳的半身塑像。梅兰芳逝世前，曾在这幽静、安适的小庭院内度过了他生命的最后10年。

馆藏珍品

《天女散花图》：《天女散花》是梅兰芳早期编演的一出神话戏，它造型新颖，风格别致，如诗如画，意境深邃，给人以美的艺术享受。《天女散花图》由国画大师徐悲鸿所绘，画里的天女蹲身、合掌、风带飘扬。天女俏丽的脸部采用西洋写真画法，天女的服饰与花纹则用了中国画的勾勒手法，部位准确，色彩和谐，气韵生动。

相关点评

著名京剧大师梅兰芳（1894—1961年）和美术大师徐悲鸿生前曾是好友，梅兰芳纪念馆收藏的一幅《天女散花图》，既是梅、徐密切交往的见证，更是两位大师以不同的艺术形式进行合作和创作的真实写照。1918年春，时任北京大学画传研究会导师的徐悲鸿，在一次观看梅兰芳主演的古装戏《天女散花》后，被剧中天女明丽的形象和美妙的舞姿所打动，萌发了进行美术创作的强烈欲望。在梅兰芳的热情支持下，徐悲鸿用时7天，以写实的手法，成功地创作了一幅《天女散花图》。此画画法细腻，画中人物栩栩如生、呼之欲出，形象地再现了梅兰芳在舞台上塑造天女的一个永恒的瞬间，乃是徐悲鸿传世数量极少的早期创作中最具代表性的作品。

梅兰芳纪念馆院落

中国长城博物馆

- 北京市延庆县八达岭长城景区中国长城博物馆
- 010-69121890
- 公交车919路八达岭站下车可到;北京旅游集散中心大客车,天安门发车中心乘车,八达岭长城景区下车可到;长城和谐号列车北京北站(西直门)乘车,八达岭火车站下车可到
- 由G6京藏高速八达岭长城出口下高速,沿S216行驶可到
- 旺季(3月—10月)9:00—16:30;淡季(11月—次年2月)9:00—16:00(周一闭馆)
- 免费(景区收费、博物馆免费)
- 团体提前预约,预约电话:010-69121830 转 230;零散观众现场领票
- 收费项目:讲解、语音导览器租用

总体概述

中国长城博物馆坐落在北京市延庆县八达岭长城景区内,是一座以长城为主题,全面反映长城历史、军事、建筑、经济、文化艺术及现状的专题性博物馆。1994年9月建成并开馆,由时任国家主席江泽民题写馆名。2007年5月进行改陈。新展内容丰富并采用多媒体手段对长城进行了全方位的展示。

展览导引

中国长城博物馆有1个序厅、7个展厅和1个临展厅。序厅陈列着展览主题、前言、历代长城示意图及战车、大炮等文物。第一展厅为展览第一部分"两千余载·续建不绝",展示了长城产生和发展的基本脉络;第二、三、四展厅为展览第二部分"恢宏巨制·绵亘万里",展示了长城的军事防御功能及体系、历史上发生在长城内外的重大战役以及长城的建筑结构与布局;第五、六展厅为展览第三部分"长城内外·同是一家",展示了长城沿线地区经济开发与繁荣,文化艺术以及长城内外兄弟民族长期共同发展、相互交融的史实;第七展厅为展览第四部分"浩气长存·发扬光大",展示了新中国成立后长城作为中华民族的象征、世界文化遗产所受到的世界人民的关注以及在新中国外交史和旅游事业中的重要作用;第八展厅为临展厅。

馆藏珍品

捷胜飞空灭虏安边发熕神炮:该炮出土于八达岭地区,铸造于明崇祯十七年(1644年),材质为铜裹铁。炮身铸有69字铭文,内容为铸造年代、名称、火药的配置方法等。该炮最远射程达500米。

明万历十一年题名碑:2007年3月,八达岭长城抢险加固保护工程中

中国长城博物馆序厅
罗哲文题字

发现的"长城记事碑"。碑文中记录了明万历十一年(1583年)修筑居庸路八达岭一段长城的起止位置、长度以及修筑这段长城的相关人员。

明永乐铜火铳:铳身细长,由前膛、药室、尾銎三部分构成。铳身阴刻铭文"天字柒千贰佰拾玖號永樂柒年玖月囗日造"。火铳是古代用火药发射铁弹丸的管形火器。明朝大将军徐达使用后,用"势若飞龙、洞穿层革"来形容火铳的威力。

社会历史类博物馆

Society & History

23

北京市古代钱币展览馆

🏠 北京市西城区德胜门东大街 9 号德胜门箭楼内
☎ 010-62018073-8000
🚌 公交车 5、27、44、55、83、305、409、635、909、919、特 12 路德胜门站下车可到；地铁 2 号线积水潭站向东 300 米可到
🚗 由北二环行至德胜门桥，路北可到
🕐 9:00—16:00（15:30 停止售票，周一闭馆）
💰 成人 20 元，大学生 10 元
✉ 团体观众提前电话预约
🏷 北京市中小学生、现役士兵、本市老年人、残疾人免票（凭有效证件）；每周三前 200 名免票

总体概述

北京市古代钱币展览馆建筑由德胜门箭楼和真武庙两部分组成。德胜门箭楼始建于明代正统年间，是北京地区仅存的两座明、清内城箭楼之一，2006 年被公布为全国重点文物保护单位。真武庙于 1992 年在原址复建，整体建筑坐北朝南，为东西平行分布的三进院落。北京市古代钱币展览馆是集古钱币收藏、研究、展示功能为一体的公共文化机构。

展览导引

德胜门箭楼的"德胜门军事城防文化展"将元、明、清三代的北京城城防军事历史进行了立体的浓缩再现。第一展厅的"中华货币四千年"展览详述了 1949 年以前的中国货币通史。第二展厅的"流连方寸间"展览厅介绍了民俗钱币的各种趣味知识。

馆藏珍品

中统元宝交钞：是中国现存最早的由官方正式印刷发行的纸币实物（宋代纸币至今无实物），存世量极少。刻版印制于元中统元年（1260 年）的忽必烈时代，一直沿用至元末。

顺天元宝：顺天元宝是五代时期刘仁恭、刘守光父子割据北京时所铸。刘氏所铸铜质"顺天元宝"未见钱币谱录，传世仅见两三枚，本馆所藏"顺天元宝"背"一十"，当为孤品。

相关点评

该博物馆展出了"中华货币四千年"，在这里可以了解到我国古代钱币种类的繁多，形状有刀形、方形、圆形，质地有金、银、铜、陶、纸；而且每一枚小小的钱币都凝结着丰富深厚的文化内涵，反映了当时的社会生活及政治变革，每一次币制的变化无不影响历史的进程。该馆自建馆以来，展出了最早的贝币、布币、鬼脸钱，历代的铜币，清代的银票，民国的纸币等，现已成为钱币爱好者从事研究，京城百姓了解钱币知识、参与集币活动的窗口。

第一展厅

走进博物馆

北京地区博物馆大全

Museums in Beijing Area

北京西周燕都遗址博物馆

🏠 北京市房山区琉璃河镇董家林村七区1号
☎ 010-61393049
🚌 公交车834、835路商周遗址站下，过马路进董家林村步行1500米可到
🚗 自驾车走G4京港澳高速窦店出口下高速，沿107国道顺行，按路标左转进董家林村后1500米可到
🕐 9：00~16：00（15：45停止入馆，周一闭馆，节假日除外）
💴 免费
✉ 团体观众须提前3日电话预约，预约咨询电话：010-61393049；零散观众现场凭身份证入馆参观
❗ 收费项目：语音导览器租用；免费停车，免费存包；展厅内请勿使用闪光灯

总体概述

1995年8月在琉璃河遗址内建成西周燕都遗址博物馆并对外开放，这是中国迄今已知的唯一一处时代明确，城址、居住区和墓葬区都具备的西周初期的封国都城遗址。墓葬中出土大量的遗迹、遗物，特别是精美绝伦的青铜器和价值极高的铭文，把光辉灿烂的燕国早期历史展现在我们面前。该遗址的发现把伟大首都建城的历史推进到3000多年以前。

展览导引

博物馆共有1个序厅

西周·堇鼎

和6个展厅。序厅陈列着北京历史沿革表及北京地区夏商周遗存图和展览前言。第一展厅展出北京的史前地理和人文传统。第二展厅（中央大厅）主要为遗址全貌沙盘。第三展厅展出西周遗址城址和宫殿区出土的相关文物。第四展厅为原地保留的两座墓葬坑和两座相应的车马坑。第五展厅展出西周时期燕国都城的变迁。第六展厅展出遗址的发现历程。展厅二楼为遗址出土文物精品展。

馆藏珍品

堇鼎：北京地区出土的最大、最重的青铜礼器。

克盉、克罍：器盖、内壁各铸有相同的铭文43字，完整地记录和涉及了燕国的立国史以及西周早期分封制、宗法制度等许多重要的历史事实。

墓葬坑和车马坑：原址原位保存，墓葬主人为商代土著贵族首领，车马坑为相应陪葬。

相关点评

该遗址是3000年前周武王灭商以后，在北方建立的最大一处诸侯国——燕国的都城遗址，也是北京地区目前已知的时代最早的一座古城遗址。遗址的发现有着特别重要的学术价值。

西周·克盉

西周·克罍

社会历史类博物馆

Society & History

25

北京辽金城垣博物馆

- 北京市丰台区右安门外玉林小区甲40号
- 010-63054992　63054991
- 公交车19、48、88、377、454、474路右安门外站下车，沿凉水河北岸向西步行约500米可到；公交车53、59、63、72、84、122、395、458、692、717、997、特3、特12内、运通102路右安门西站下车，西行至北京商务会馆后向南步行行约1000米可到
- 由南二环右安门桥出口往南沿右安门外大街行驶，至玉林南路路口右转往西可到
- 9：00~16：00（周一闭馆）
- 免费
- 团体观众须提前2日电话预约
- 收费项目：语音导览器租用、纪念品；有停车位，需安检、存包

金·水关遗址全景

总体概述

　　1990年发现了金中都南城垣水关遗址，被评为当年全国十大考古发现之一。1995年4月23日辽金城垣博物馆正式对外开放。2001年6月25日金中都水关遗址被评为全国重点文物保护单位。2003年改陈，主要展览为"金中都历史展"和金中都水关遗址。

展览导引

　　该博物馆地下一层即金中都南城垣水关遗址。一层为展览大厅，共分两部分。第一部分以照片、线图以及出土文物为主，介绍了金代中都城水关遗址的发掘、研究及价值，并就我国历史上水关的演变作了简明介绍。第二部分是以北京建城发展史为主线，介绍了北京3000多年的建城历史。

馆藏珍品

铜坐龙：出土于西厢工程的白纸坊立交桥工地，通高31.5厘米，重1382克，铜质。造型上融合了中原地区有关"龙"的概念，同时反映出北方游牧民族游徙的生活状态及其对神灵图腾的独特理解。

陶鸱吻：出土于西铁匠营立交桥东北侧的一辽金古井中，高31.5厘米，最大宽度27厘米，灰陶质地。鸱吻，相传为龙生九子之一，古人将其置于屋顶檐角，旨在取其喷水镇火、驱邪消灾之意。

吕君墓表：四方柱形，表身四面满镌楷书。该表1991年出土于丰台区石榴庄凉水河南岸，据墓表文字记载可知，吕徽家族世代生活在幽燕地区，是豪门望族。这件墓表上书写的文字代表了金代书法的最高水平。

相关点评

　　金中都水关遗址是现在北京除部分金代城墙外所仅存的金中都城建筑遗迹。金中都水关遗址的基础建筑结构与宋代《营造法式》的规定相一致，是现存中国古代都城水关遗址中体量最大的，也是研究我国古代建筑和水利设施的重要实例。

辽金·陶鸱吻

北京大葆台西汉墓博物馆

⌂ 北京市丰台区郭公庄 707 号
☎ 010-83612852　83613073
🚌 公交车 480、840、913、967、969 路地铁大葆台站下，向东南走 400 米即到；公交车 477、692 路世界公园公交总站下车，向西 200 米即到；地铁房山线大葆台站下车，向东南走 400 米即到
🚗 自驾车由西南四环科丰桥往南走科技大道、丰葆路可到
🕐 9：00—16：00（周一闭馆）
🎫 基本陈列免费开放，收费项目参见馆内公示
✉ 团体观众须提前 3 日电话预约，预约咨询电话：010-83612852；零散观众现场凭有效证件入馆参观
❗ 现闭馆整修

总体概述

北京大葆台西汉墓博物馆是一座建立在西汉广阳顷王刘建墓原址上的遗址性博物馆。大葆台西汉墓1974年6月初发现，为夫妻并穴合葬墓。一号墓为广阳顷王刘建墓，保存基本完好；二号墓为刘建王后墓，与一号墓东西并列，形制基本相同，发掘时已被火烧毁。大葆台一号墓是目前北京地区考古发掘规模最大的一座汉墓，也是新中国成立后，我国首次发现的"黄肠题凑"墓。一号墓的规模之大，迄今仍居已发现的"黄肠题凑"墓之首。它的墓葬形制和棺椁结构保存比较清楚和完整，为研究我国汉代"梓宫、便房、黄肠题凑"的帝王葬制，提供了十分重要而珍贵的实物资料。大葆台一、二号墓，虽早年被盗，但仍出土了文物1000余件，是研究西汉中晚期政治、经济、文化的珍贵资料。近年来，馆内还推出了深受青少年喜爱的模拟考古、投壶礼仪、书写竹简等科普体验活动项目。

馆藏珍品

玉舞人：出土于二号墓的玉舞人是两汉时盛行的一种人像佩饰，所表现的舞蹈，是秦汉时比较盛行的"翘袖折腰"舞。在扁平玉片的两面刻画舞人形象，以透雕镂空技法制成。

透雕螭虎玉佩：出土于二号墓墓室东北侧。白玉质，圆形，上部镂雕成缨花，中间镂雕一盘曲螭虎。螭虎是神话中的动物，据说它"似虎而鳞"或"虎类，龙形"。这件玉佩上的螭虎形象既有龙的蜿蜒盘曲，又有虎的凶猛威壮，把两种动物的特征表现得恰到好处。

相关点评

"黄肠题凑"是流行

汉·玉舞人

于汉代的一种特殊葬制，根据汉代礼制，"黄肠题凑"与玉衣、梓宫、便房、外藏椁同属帝王陵墓中的重要组成部分。《汉书·霍光传》颜师古注引苏林曰："以柏木黄心致累棺外，故曰黄肠。木头皆向内，故曰题凑。"大葆台一号汉墓"黄肠题凑"实物的发现使屡见于史而不解其意的"黄肠题凑"得以面世，对中国考古学与历史学的研究具有重大意义。

北京大学赛克勒考古与艺术博物馆

- 北京市海淀区颐和园路 5 号北京大学校内
- 010-62751667
- 公交车 332、718、608、333、运通 106、运通 114、运通 118 路至北京大学西门站下车可到
- 自驾车由北四环海淀桥往北走颐和园路由北京大学西侧门进入校园
- 9：00—17：00（16：30 停止入馆，全年无休息日，正月初一至初五除外）
- 免费

博物馆正门

总体概述

博物馆于1986年在美国赛克勒先生和夫人的帮助下破土奠基。博物馆于1993年5月27日正式开放，是我国高等院校中第一所考古专题博物馆，积极致力于教学、科研和为社会服务，以清新典雅的风格吸引了大批国内外来宾，也是参观燕园的贤达人士的必到之处。

展览导引

该博物馆的展览分为基本陈列和临时展览两部分。基本陈列为按时代排布的考古教学标本展，分为旧石器时代、新石器时代、夏商周时期、战国时期、秦汉时期、三国两晋南北朝隋唐时期、宋辽金元明时期7个部分。展览主要包括两方面内容：一是辅助中国考古学教学的标本陈列；二是北京大学考古文博学院

西周·成周鼎

师生历年考古发掘的重要成果。

馆藏珍品

成周鼎：1984年山西省曲沃县曲村镇第6195号墓出土，时代是西周早期（公元前11—前10世纪中叶），高20.6厘米，口径17.6厘米，腹径18.8厘米。直口、立耳、垂腹、底略平、柱形足。鼎的口沿下方有6个扉棱及一圈图案。以3个扉棱为中心，各有一组以夔纹组成的饕餮纹图案。在鼎的内侧靠近口沿处有"成周"两字。鼎的底部有三角形的合范铸造痕迹。这件鼎的出土地点在周成王的弟弟虞在唐的封地内，具有重要的历史价值。

相关点评

赛克勒先生是一位医学博士、著名的收藏家和慈善家，一生钟爱中国传统文化，对中国文物的保护和发展作出了贡献。

北京市白塔寺管理处

🏠 北京市西城区阜成门内大街 171 号
📞 010-66131883　66166099
🚌 公交车 13、42、409、603、604、612、623、102 电车、103 电车白塔寺站下车，向西过十字路口步行 50 米可到；乘地铁 2 号线在阜成门站下车 B 口出向东 500 米
🚗 自驾车由西二环到阜成门桥路北可到
🕘 9：00—17：00（16：00 停止入馆，周一闭馆）
💴 20 元
📋 团体观众须提前 3 日电话预约，提前领票；零散观众现场领票
🎫 中小学生、现役军人、北京市 60 岁以上老年人凭有效证件免费（外地 60 岁以上老年人凭有效证件半价）；大学生半价；每周三前 200 名观众免费，须于当日在售票处领取免费参观券
❗ 收费项目：暂无

总体概述

　　妙应寺，俗称白塔寺，始建于辽代，元世祖忽必烈依据帝师八思巴授记，聘请尼泊尔工匠，在辽代寺塔的旧址上兴建了"大圣寿万安寺"及寺内的藏式大白佛塔。有元一代，白塔与大都被世人美誉为"金城玉塔"，大圣寿万安寺则成为皇家祈福及预演各种大典的中心，声震天下，香火鼎盛近百年。元末寺院被雷火焚毁，唯白塔独存。明代改建为妙应寺，以汉传佛教寺院格局延续下来。尽管白塔寺屡经重建、修缮，但大白塔却巍然屹立，成为元大都保留至今且唯一完整的建筑遗址，是中国现存年代最早、规模最大的喇嘛塔。

展览导引

　　白塔寺整体建筑由白塔和寺院的殿宇两部分组成，是融藏汉建筑风格于一体的京城古代建筑群。殿宇部分由中路建筑、西配殿和东配殿3部分组成。中路建筑包括山门、钟鼓楼、天王殿、意珠心镜殿（现有藏传佛教造像展）、七佛宝殿、塔院（院中有具六神通殿、4个角亭）等建筑，白塔位于中路各殿后方的塔院中央。西配殿为"白塔寺历史文化展"展室，东配殿"六通殿"为白塔寺文化创意产品服务部。

馆藏珍品

　　乾隆御笔《般若波罗蜜多心经》：北京妙应寺白塔是自元代以来的镇国之塔，清乾隆皇帝亲笔手书《般若波罗蜜多心经》则是白塔的镇塔之宝，于1978年塔尖修缮工程中意外发现。这份手书不仅具有独特的宗教艺术价值，而且还有着重要的历史价值，对研究乾隆皇帝崇佛及其佛学修养具有十分重要的意义，堪称举世无双。

相关点评

　　白塔寺内的大佛塔，是最早传入北京地区的藏式佛塔，是汉、蒙古、藏民族文化融合的杰作、祖国统一的历史丰碑，也是中尼文化交往源远流长的见证，为我们研究历史、建筑、宗教、民族关系、中外交流史提供了重要依据。白塔寺作为元、明、清三代京都城内的重要佛教圣迹，蕴含着丰富的宗教文化及近代北京民俗文化资源。

白塔

社会历史类博物馆

Society & History

29

李大钊烈士陵园

🏠 北京市海淀区香山东路万安里1号
☎ 010-62591044
🚌 公交车360、630、714路门头新村站下可到，公交车331、505、特5路香泉环岛站下可到
🚗 自驾车由西北五环香山出口下，经香泉环岛的旱河路出口往东行驶约2000米，路南可到
🕐 8:00—15:00（工作日开放）
💰 免费
✉ 团体观众须提前3日预约

总体概述

1986年，作为北京市重点文物保护单位的李大钊烈士陵园，经国务院批准，被民政部定为全国重点烈士纪念建筑物保护单位；1992年，被北京市政府命名为青少年教育基地；1995年，被民政部命名为全国爱国主义教育基地；1996年，被国家教委、民政部、文化部、国家文物局、共青团中央、解放军总政治部等命名为全国中小学爱国主义教育基地；2001年，被中宣部

李大钊革命事迹陈列室

评为爱国主义教育示范基地；2005年，被中宣部定为全国100个红色旅游经典景区之一；2006年，被

李大钊生活过的北大红楼

李大钊塑像

共青团中央命名为全国青少年教育基地。

相关点评

为使陵园充分发挥爱国主义教育示范基地作用，2006年，陵园进行整体维修改造，推出新的展陈。新展陈采用了实物、照片、图表、雕塑、油画、木刻、书法等多种形式，虚实结合，使观众在真实、具体的历史背景、特定场景和人物事件的氛围中，感受到李大钊的丰功伟绩和崇高的人格魅力。

詹天佑纪念馆

⌂ 北京市延庆县八达岭特区
☎ 010-69121006　69121516
🚌 公交车 919、880 路或北京北站乘 S2 线市郊列车到八达岭站下车可到
🚗 自驾车由 G6 京藏高速，至八达岭长城出口下高速，右转至八达岭景区可到
🕐 8：30—16：30（16：15 停止售票）
🎫 20 元
✉ 团体观众须提前 3 日电话预约，咨询电话 010-69121516
🏷 学生、铁路职工凭有效证件可半价优惠；1.2 米以下儿童、老年人持老年证免费
❗ 收费项目：语音导览器租用；展馆内请勿摄像，文物展品禁止拍照

总体概述

詹天佑纪念馆坐落于八达岭长城风景区，建在京张铁路的八达岭隧道上方，是为纪念近代中国铁路先驱、杰出的爱国工程师——詹天佑先生所建的一座专题纪念馆，1987年11月建成开馆。现为国家三级博物馆，全国科普教育基地，北京市爱国主义教育基地，北京市青少年学生校外活动基地、科学和平教育基地。

展览导引

詹天佑纪念馆主体建筑分为室外和室内两部分，室外是反映中国近代史和社会主义建设的大型浮雕，詹天佑先生的头像为浮雕主体。室内陈列由1个序幕厅和4个展览厅组成，序幕厅由詹天佑半身雕像、展览前言、詹天佑名言以及巨幅背景照片组成。第一展厅，讲述詹天佑的家世童年及留学生涯；第二展厅，讲述詹天佑学成归国、投身铁路事业，以及修建我国第一条国有干线铁路的历史背景和经过；第三展厅，讲述詹天佑修建汉粤川铁路，以及詹天佑先生抱病参加国际远东铁路会议，力争国权，以身殉职的事迹；第四展厅，展出了新中国成立以来，特别是现代化和谐铁路建设的辉煌成就。

馆藏珍品

景泰蓝座钟：高15.5厘米，底座10.5厘米×9厘米。1903年，由于英、法两国争夺新易铁路（高碑店至易县）修筑权，清政府只好自力修筑，派任詹天佑为总工程司。景泰蓝座钟为建成通车后慈禧太后奖赏。

水平仪：长、宽、高分别为41厘米、13厘米、17厘米，是詹天佑先生勘测设计京张铁路时亲手使用的测绘仪器。

《京张路工摄影》：长31厘米，宽25厘米，紫红丝绒覆面，封面上镶嵌有镂刻着"京张路工摄影"字样的铜牌。影集分上、下卷，共收12寸大照片183张，反映京张铁路沿途各主要路段、车站及工作场景和通车典礼盛况的情景。该影集入选了"中国档案文献遗产工程"。

二等宝光嘉禾章：直径8.5厘米，中间镶嵌红宝石，周围环绕嘉禾，嘉禾为景泰蓝，外环镶嵌18颗珍珠。1918年，詹天佑获民国政府颁授"二等宝光嘉禾章"。

工科进士印：高8.2厘米，长3厘米，宽3厘米。宣统二年（1910年）1月，清政府颁赐给詹天佑工科进士第一名印。

慈禧赏赐詹天佑的景泰蓝座钟

社会历史类博物馆
Society & History

31

焦庄户地道战遗址纪念馆

🏠 北京市顺义区龙湾屯镇焦庄户村
📞 010-60461906
🚌 公交车 970 或 915 路顺义东大桥站换乘 31 路，终点站即到；地铁 15 号线奉伯站换乘 31 路可到
🚗 自驾车由京承高速行至赵全营收费站下高速，朝赵全营／牛栏山方向进入昌金路向东，经顺密路可到
🕐 周三到周日 8:30—16:30（16:00 停止领票，周一、周二闭馆）
💴 免费
✉ 个人参观须凭有效证件提前 3 天预约，当日领票；团体观众需凭单位介绍信提前 7 天预约登记

地道出口

总体概述

焦庄户地道战遗址纪念馆距市区 60 千米，始建于 1964 年秋，1979 年被北京市政府定为市级重点文物保护单位。目前，纪念馆共分为 3 个参观区，即展馆参观区、地道参观区、抗战民居参观区。该馆先后被北京市政府命名为北京市青少年教育基地，被国家六部委定为百家全国中小学爱国主义教育基地之一，被中宣部定为全国爱国主义教育示范基地，被国家发改委定为全国红色旅游景区，是中共北京市委、中共北京市委宣传部首批北京市廉政教育基地，也是 3A 旅游景区。

展览导引

展馆参观区共分为 3 部分：分别是冀东抗战燃烽火、人民战争见奇功和今日顺义更美好。展示内容以大量翔实的历史资料生动再现了抗日战争时期，根据地人民利用地道与敌人进行英勇顽强斗争的历史画面。地道参观区是 23 华里地道遗址的保护区域，保留着供游客参观加高加固的 830 米地道（其中有 30 米原始地道，并采用声光电现代高科技手段，让游客有身临其境之感）。抗战民居参观区展示的是焦庄户村民和民兵在战争年代居住、生活、战斗的地方，分为 5 个院落：老四区区公所、支前小院、农具屋、冀热辽十四军分区卫生处第二卫生所、娘娘庙旧址。

馆藏珍品

焦庄户地道战遗址： 该遗址是第二次世界大战中国人民抗击日本侵略者的一处重要战争遗址。地道内有翻板、陷阱、暗堡等，户户相连、村村相通、上下呼应，地道网长达 23 华里，是一座能打能藏、可守可攻的地下长城。1947 年 11 月 10 日，顺义县人民政府授予焦庄户"人民第一堡垒"光荣称号。

相关点评

地道战这一独特资源在中国乃至世界，占有重要位置，应进一步挖掘、扩展和延伸，编制保护发展规划。焦庄户地道战遗址纪念馆由张爱萍将军亲笔题写馆名。

云居寺石经博物馆

🏠 北京市房山区大石窝镇水头村南
☎ 010-61389604　61389612
🚌 公交车从天桥、六里桥东乘917快（张坊、涞水），到云居寺路口下车后，换乘中巴12、31路，云居寺站下车可到；或者从天桥、六里桥东乘917、836路（张坊线），到云居寺路口下车后，换乘中巴12、31路，云居寺站下车可到
🚗 自驾车由G4京港澳高速琉璃河出口下高速，经岳李路，到长沟路口右转可到，或京石高速闫村出口下高速，到房山，经周口店村出口左转，长沟路口右转可到
🕐 夏季：8：30—17：00，冬季：8：30—16：30
💰 40元
🆎 凭中小学生证、老年证半价；凭残疾证、离休证、老年优待卡免费
📋 收费项目：语音导览器租用

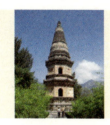

云居寺标志性建筑北塔

总体概述

云居寺石经博物馆始建于隋末唐初，经过历代修葺，形成5大院落6进殿宇，享有"北方巨刹"的盛誉，1961年3月被国务院公布为首批全国重点文物保护单位，1988年10月对外开放，1999年正式恢复宗教活动场所。这里有包括历史、佛教、文物、艺术文化等方面的12个专题展览，是一处集古代建筑、文物、宗教和自然风光为一体的综合景区。

展览导引

1. 文物线路：入口→天王殿内供奉的四大天王→石经地宫14278块辽金石经→南塔遗址→史料陈列馆→北塔及唐塔→纸经馆内舌血真经→舍利馆佛祖舍利→大悲殿内供奉的大慈大悲观世音菩萨→木经馆内清朝龙藏木版经→弥陀殿内供奉的阿弥陀佛→嘉庆御碑→药师殿内供奉的药师琉璃光佛→房山石经拓片馆→释迦殿内供奉的佛祖释迦牟尼→文物收藏馆→钟楼内的千年古钟→毗卢殿内供奉的毗卢遮那佛→牌楼出口。

2. 佛教线路：入口→天王殿内供奉的四大天王→牌楼→毗卢殿内供奉的毗卢遮那佛→钟楼内的千年古钟→释迦殿内供奉的佛祖释迦牟尼→佛教文化馆→文物收藏馆→房山石经拓片馆→药师殿内供奉的药师琉璃光佛→史料陈列馆→北塔及唐塔→纸经馆内的舌血真经→大悲殿内供奉的大慈大悲观世音菩萨→舍利馆内供奉的佛祖舍利→木经馆内清朝龙藏木版经→弥陀殿内供奉的阿弥陀佛→嘉庆御碑→南塔遗址→石经地宫内的14278块辽金石经→出口。

馆藏珍品

14278块房山石刻佛教大藏经：是一部自隋唐以来绵延千年的佛教经典，不仅在佛教研究、政治历史、社会经济、文化艺术等各方面蕴藏着极为丰富的历史资料，而且在书法艺术上有着重要的文化价值和艺术价值。

相关点评

整个景区包括云居寺和石经山两部分，特点是"因经而寺，寺以经贵"。石经山在云居寺东1千米处，是房山石经刊刻起源之处和佛舍利出土之处。云居寺珍藏着石经、纸经、木版经、佛祖舍利、唐辽塔群及众多文物古迹，其中尤以14278块房山石刻佛教大藏经著称于世，被誉为"佛教圣地，石经长城"。

社会历史类博物馆

Society & History

33

密云县博物馆

- 北京市密云县西门外大街2号
- 010-69088441
- 公交车东直门乘980路，密云果园站下车，超市发商场对面100米处可到
- 自驾车由京承高速密云城区出口，向密云城区方向行驶至政府街十字路口左转，至云光十字路口左转50米，再左转可到
- 8：30—11：30 13：30—17：00
- 免费
- 团体观众可提前电话预约，预约咨询电话：010-69088441；零散观众现场领票

总体概述

密云县博物馆于1991年建制，性质为社会科学类地志性综合博物馆。自建制后至2002年年底，馆舍一直占用的是由北京东城区美术馆后街路迁建于密云实施异地保护的清代大公主府。2002年，为更好地发展博物馆的功能，在西门外大街2号兴建了密云县博物馆新馆大楼，2003年1月，密云县博物馆新馆正式向社会开放。

展览导引

新馆大楼外观为圆柱形，室内分上下两层，共设两个展厅，展厅总面积800平方米。新馆一层为临时展厅，二层展厅共举办"密云历史文化陈列""杵臼文化陈列""刘祯祥捐献文物陈列"3个展陈。密云县博物馆有独特的以杵臼文化为题材的展陈，目前共收集中外各民族多种杵臼200余件，展出中外各式杵臼66件。

馆藏珍品

原始野牛角化石：该牛角化石头盖骨及两翼牛角齐全，基本完整。总长260厘米，总重15千克，1981年11月出土于巨各庄镇蔡家洼砖厂。该化石是目前北京地区发现的最大的野牛角化石，据专家推测，该野牛身长约为角长的5倍，约13米长，这么大的野牛在当时也是非常罕见的。因此推断，密云县自古以来就森林茂盛，水土肥沃。

"万顺号"大铁锚：该铁锚全长175厘米，重75千克，自上而下由锚环、锚柱、锚钩3部分组成，为明代漕运船只"万顺号"所用，是迄今为止北京地区发现的最大铁锚之一。

相关点评

明嘉靖年间，为加强密云地区的水上漕运，进行了较大的"引白壮潮"工程，使潮、白两河汇合于密云城东南约2.5千米处。此后，枯水期，大型船队可从通州直达密云县十里堡镇河槽村。丰水期，大型船队由潮河可直达边关重镇古北口，由白河可直达石城镇鹿皮关。

"万顺号"大铁锚的发现，证明明代以后密云地区河运非常发达，是保证军事物资运送、商贸往来的重要交通枢纽。

清·青花将军罐

北京市昌平区博物馆

- 北京市昌平区府学路 10 号
- 010-69741095
- 公交车 886、345 快至昌平东关站下车后，向西约 500 米路南
- 自驾车由 G6 京藏高速往北至西关环岛出口出高速，右转走政府街、府学路向东直行，过政法大学、石油大学后，兀山广场东侧路南可到
- 8：30—16：30（周一闭馆）
- 免费

辽·陶俑

总体概述

北京市昌平区博物馆主要展示昌平区的历史文化、经济建设及风土民情，现以展出昌平的出土文物为线索，说明昌平的历史发展脉络。昌平行政区域的建置始自汉代，是北京地区使用时间最长的行政名称之一。明代建皇陵于此，更使昌平之名远播，曾设州辖县，并使昌平之名一直沿用至今，成为北京市区的组成部分。

展览导引

北京市昌平区博物馆的常设展览是"古代昌平·文物展"，介绍昌平的古迹，展示和介绍近年来在昌平发掘出土的除十三陵之外的珍贵文物。

馆藏珍品

辽·陶俑：1986 年 7 月，在昌平区（县）南口镇陈庄村发现一座辽代砖石结构的墓室，墓室正北有一小型棺床，其上有骨灰，男女陶俑分列两侧，在清理中陆续发现了陶制冥器，有盆、壶、缸、箕等，全部为生活用品。陶俑为男、女各一人，典型辽代民族特征。这两件陶俑在北方地区很少见到，使我们能直观地了解契丹人的服饰特点。

相关点评

本馆展出雪山遗址和张营遗址的出土文物，有汉、唐、辽、金、元各时期典型文物及明代文物。

雪山遗址位于南口镇雪山村，属新石器时期的文化遗存，北京大学和北京市文物研究所对此进行过发掘，出土了大量的石器和陶器，是研究北京地区早期人类发展的实物资料，在北京地区的考古序列中占有一定的位置。

张营遗址位于南邵镇张营村，是一处商周时期的文化遗存。2004 年出土完整或可复原的陶器约 90 件、石器 334 件、骨器约 30 件、铜器 17 件、玉器 10 件。另外，还获取了大量的陶、石、骨器标本和可供鉴定种属的动物骨骼标本等。

另外，唐、金、元、明石刻也是反映昌平历史发展的珍贵史料。

社会历史类博物馆

Society & History

通州区博物馆

🏠 北京市通州区西大街9号
☎ 010-69546442
🚌 公交车322、342、728、938支4、938支路新华大街站下车可到
🚗 自驾车由东三环国贸桥一直往东，经建国路、京通快速路、新华西街、新华东街可到
🕘 9：00~16：30（周一闭馆）
💴 免费
❗ 该馆定于2013年3月15日至2014年3月底进行全面修缮改造，停止对外开放，拟于2014年3月底恢复对外展出

总体概述

通州区博物馆馆址原为三官庙，后改建为通州区博物馆，为一座二进四合院古建筑，属地方性博物馆。

展览导引

馆内共4个馆室，第一展室内容为基本陈列"古代通州"和"通州漕运"，共展出文物164件（套）。展品以本地出土的文物为主。陈列以不同时期文物为线，介绍了通州自新石器时代、战国时期以及西

汉置县以来2200多年的悠久历史。展陈面积100平方米。在展出基本陈列的同时，每年还举办数个专题性展览。第二、三、四展室为专题陈列室，展厅面积180平方米。

馆藏珍品

青花缠枝莲大缸：鱼缸高60.5厘米、口径58.7厘米，胎体厚重，质地坚硬致密，造型规整，露胎处都呈火红色窑红，其余内外普施清白色釉，匀净温润，有玉质之感。宽平口沿处环绘如意头花草拐子纹，线条流畅自然；主体纹饰是腹部布满缠枝西番莲，鲜艳青翠如同宝石蓝，深浅相应，浓淡相宜，初开者、怒放者兼有，侧面的花朵、垂瓣者均备。从造型、釉色、青花、纹饰等诸方面特征分析，此件青花缠枝莲大缸是清代乾隆时期民窑烧制，今不多见。

宝光寺大钟：铸于明朝，泥范青铜所铸，高1.75

米，口径1.1米，顶处壁厚2.5厘米，口处壁厚7.1厘米，重约1750千克。体量壮观，造型端庄，纹饰精美，铭文清晰，音色浑圆，可谓珍品。

相关点评

宝光寺大钟的钟钮铸为龙子之一的蒲牢，传其生性好鸣，故置于钟上。两只蒲牢相背外向，牛头、鹿角、蛇身、鹰爪俱形神兼备。圆顶圆肩，直身莲口，不仅使外形美观，而且令音色圆润。顶中留有圆孔，径13厘米，与口面积相比约为1∶80，钟击之后，部分声音从小孔徐徐而出，产生余音袅袅之效。外壁饰几何阳纹，布局均匀一致，纹饰间有汉文"大明景泰""皇图永固""帝道遐昌"3组楷字，还有梵字经文及藏文等两种文字，另有1种文字未识，俱阳文。近连弧口处击钟圆点之间，犹有八卦纹饰。

明·宝光寺大钟

山戎文化陈列馆

⌂ 北京市延庆县张山营镇玉皇庙村
☎ 010-69199534
🚌 公交车 920 路玉皇庙村下车可到
🚗 自驾车由北三环马甸桥走 G6 京藏高速西康路出口经康张路、京银路、X019 行驶可到
🕘 9：00—16：00
🎫 免费

总体概述

山戎文化陈列馆位于北京市延庆县城西北13千米的干皇庙村，是国内第一座以古代部族文化命名的古墓群现场陈列馆。山戎墓葬发现于1984年，经北京市文物研究所山戎文化考古队5年多的调查与发掘，共发掘墓葬600座，出土金器、青铜器、陶器、蚌器、玛瑙等文物6万余件。陈列馆于1990年7月正式开放，分类展出各类文物近千件。

北京东周山戎文化考古的重大成果，是新中国成立以来北京先秦考古和中国北方地区青铜时代考古的一项重大发现和突破，引起中国考古界和中外诸多专家的关注。由原北京市委书记、中共中央政治局委员李锡铭同志为陈列馆题写馆名。

展览导引

厅内保存完好的山戎文化墓葬10座，女性墓3座，男性墓7座，其中酋长墓2座，部族成员墓8座。

山戎文化陈列馆全景

展厅

馆藏珍品

酋长墓： 酋长墓墓主为一25岁的男性，腰佩青铜剑和铜削刀，左置青铜马具，右置箭簇、箭囊，耳饰黄金耳环，殉有众多马、牛、羊、狗祭牲群，展出山戎文献、图表及珍贵文物近千件。

相关点评

山戎（北戎）是我国春秋时期北方的一支较强大的少数民族。据史书记载，山戎部族以"射猎禽兽为生""随畜牧而转移"，春秋时期聚居于河北北部、辽宁西部、内蒙古东部一带的大山重谷之中，经常联合起来侵略中原，与邢、郑、齐、许、代、晋诸国有和战关系，对燕威胁最大。公元前664年山戎再次侵燕，燕告急于齐，齐桓公在管仲辅佐下，救燕，北伐山戎，灭掉令支、孤竹，破屠何，无终远徙，从此燕国强盛起来，山戎一蹶不振，约于战国晚期，山戎逐渐销声匿迹。

社会历史类博物馆 | Society & History

北京长辛店二七纪念馆

- 北京市丰台区长辛店花园南里甲 15 号
- 010-83305948
- 公交车 309、458、661 路二七厂站下车可到，339、459、662 路长辛店北口站下车可到
- 自驾车由 G4 京港澳高速杜家坎收费站出，一直向西经大灰场东路可到
- 8：00～12：00，13：30～17：30（周六、日闭馆）
- 免费

火车模型

长辛店"二七"烈士墓

总体概述

"二七"大罢工是中国第一次工人运动的高峰，是京汉铁路工人在中国共产党和劳动组合书记部领导下进行的一次争人权、争自由、反帝、反封建军阀的政治大罢工。罢工虽然失败了，却为工人运动留下了经验教训和光荣历史。为了纪念中国历史上工人阶级的这一伟大运动，遂兴建了北京长辛店二七纪念馆。1986年2月7日正式向游人开放。该纪念馆收藏和保存着京汉铁路工人革命斗争的大量实物，既是长辛店"二七"大罢工和工人运动的纪念地，又是对青少年进行革命传统教育的好场所。

展览导引

纪念馆共有8个展室，室内放置的展柜中，陈列着"二七"革命斗争的史料和文物，柜外陈设着大件文物、油画和模型等。

馆藏珍品

反映罢工场景的油画：长12米，高3米，油画生动再现了1923年2月7日在火神庙发生的"二七"惨案。工人们手拿木棒、铁锤高呼着"还我工友，还我自由"，和反动军警展开了殊死搏斗。他们为的是争人权、争自由的信念，靠的是敢于斗争、不怕牺牲的精神，这就是"二七"精神。

相关点评

在长辛店大街南路东，有一处20年代初长辛店劳动补习学校的旧址，是京汉铁路工人运动的发源地。补习学校除了教授学员一般的文化课、常识课，还用深入浅出的方法宣传马列主义和无产阶级理论，使工人提高文化知识的同时提高无产阶级觉悟。在这里，党利用长辛店工人斗争的经验指导北方铁路工人斗争，长辛店成了北方的一颗红星，而劳动补习学校就是北方红星升起的地方。

反映罢工场景的油画

上宅文化陈列馆

⌂ 北京市平谷区金海湖旅游区
☎ 010-69991268
🚌 公交车 918 支线金海湖站下车，公交车 852、918 路平谷总站下车，换乘 29 路至金海湖站下车可到
🚗 自驾车由北三环三元桥上机场高速，至 3 号航站楼 / 京平高速出口离开，进入京平高速，至北部货运道出口离开，进入京平高速联络线，再经顺平路、平蓟路可到
🕐 9：00—16：00（周一闭馆）
🎫 免费

总体概述

上宅文化是北京地区迄今发现最早的原始农业萌芽状态的新石器时代文化，距今六七千年，主要分布在北京地区东部洵河流域。上宅文化陈列馆是我国第一所以考古学文化命名的专题陈列馆，也是北京地区第一所新石器文化陈列馆。陈列馆的主体建筑造型非常别致，是依据先民居住的半地穴式马架子窝棚设计建造的。展厅内主要陈列上宅文化及周围环境考古的科研成果，通过石斧、石凿、深腹罐、钵、碗等有代表性的石器、陶器，生动地反映了"上宅文化"的独特内涵，再现了北京灿烂的远古文化。

馆藏珍品

陶塑猪头和小石猴： 上宅遗址出土的陶塑猪头是目前我国出土年代较早而造型最精致逼真的一件工艺品。小石猴造型独特，是我国迄今发现最古老、最逼真的石雕之一。这两件器物的出土，将我国的雕塑史提前了1000年。

相关点评

上宅文化以其独特的文化内涵，填补了北京地区新石器时代考古的空

新石器·小石猴

白。为了更好地展示上宅文化的发掘研究成果，根据其在考古学中的重要价值，经市政府及有关部门批准，在上宅文化遗址南的金海湖畔修建我国第一所以考古学文化命名的上宅文化陈列馆。陈列馆的大门为牌坊门，馆名由著名考古学家苏秉琪先生题写。馆内展出上宅有代表性的器物，包括生活用品、生产工具、装饰艺术品。上宅文化是新石器时代介于北方草原和中原两大地区原始文化中间地带的一种地方性文化。

上宅文化陈列馆外景

社会历史类博物馆

Society & History

39

郭守敬纪念馆

⌂ 北京市西城区德胜门西大街甲 60 号
☎ 010-83224626
🚌 公交车 27、635、83 路积水潭桥东站下车可到，公交车 22、38、47 积水潭桥南站下车可到；地铁 2 号线积水潭站 B 出口西侧可到
🚗 自驾车行至北二环积水潭桥，往东约 200 米路南可到
🕐 9：00—16：00（周一、周二闭馆）
💰 免费
✉ 个人无须预约，团体预约电话：010-83224626

郭守敬纪念馆山门

简仪模型

总体概述

郭守敬纪念馆坐落在秀美的西海北岸汇通祠内。纪念馆建筑造型得体，格调素雅，步入园中，小径蜿蜒，假山叠石，错落有致，登高远望，可见清水悠悠，小桥卧波，林荫掩映。汇通祠始建于明永乐年间，旧称法华寺，又称镇水观音庵。清乾隆二十六年（1761年）重修，改名汇通祠，并立御制诗碑。1976年修建地铁时，汇通祠被拆除。1986年9月，北京市西城区政府决定复建汇通祠，辟为郭守敬纪念馆，纪念中国元代杰出科学家郭守敬的历史功绩，1988年10月1日，正式对外开放。2007年8月至2008年8月，西城区政府对郭守敬纪念馆进行修缮，完善基础设施，并将原有的展览内容及形式进行调整更新，主题定位为"纪念科学巨星，弘扬民族创新"，于2008年9月28日正式对外免费开放。重建的纪念馆占地面积近800平方米，建筑面积400平方米。

展览导引

纪念馆辟有 4 个展厅：第一展厅"生平大事"，以大事记的形式介绍郭守敬伟大的一生；第二展厅"元代积水潭"，介绍积水潭的形成及积水潭对兴建元大都城的决定性作用；第三展厅"大都治水"，介绍郭守敬治水业绩中最为辉煌的篇章；第四展厅"测天制历"，介绍郭守敬从事天文及历法的研究和实践活动。

馆藏珍品

简仪模型：浑仪是我国古代测量天体位置的一种仪器，随着天文学的发展，观测项目越来越多，浑仪的结构也就越来越复杂。从北宋开始，就有人对浑仪进行改革；到了元代，又经过郭守敬（1231—1316 年）的大胆革新和发展，终于于至元十三年（1276 年）富有创造性地制造了简仪，即现存简仪的仿制蓝本。

相关点评

郭守敬的科学成果是中华民族宝贵的物质遗产，其中部分成果仍然被应用于今天的科学工作、水利工程和生产建设中；郭守敬大都治水的规划思想和成果延续至今，成为中华民族宝贵的文化遗产，给今天的北京留下了丰富的水文化思想和秀美的历史文化景观。郭守敬是中华民族的骄傲，也是全人类的骄傲。

北京文博交流馆

- 北京市东城区禄米仓胡同5号
- 010-65253670
- 公交车44、750、609、90、特2、特12路雅宝路站下车，公交车24、674路禄米仓站下车可到
- 自驾车从东二环金宝街出口向西100米第一个胡同口右转，至小牌坊胡同，向左转可到（禄米仓胡同东口）。停车位紧张
- 8：30—16：30（无休息日）
- 20元
- 中小学生、现役军人、老年人、残疾人免费（凭有效证件）；每周三前200名观众免费参观
- 在寺内参观禁止吸烟，禁止使用一切明火；殿内禁止拍摄文物；收费项目：语音导览器租用

藏殿

总体概述

北京文博交流馆坐落于北京智化寺，是一座以促进文博发展、开展民间收藏展示、举办文化交流活动和文博信息交流为宗旨的综合性博物馆。智化寺建成于明正统九年（1444年），是明英宗皇帝宠信的司礼监太监王振的家庙，为皇城东部一座大型寺院。

展览导引

目前，智化寺共有四进院落，中轴线上依次分布有山门、智化门（即天王殿）、智化殿、如来殿（又称万佛阁）、大悲堂等主体建筑。第一进院落包括山门、钟楼、鼓楼、智化门等建筑。第二进院落包括智化殿、藏殿和大智殿。第三进院落是如来殿（万佛阁），为上下两层。第四进院落是大悲堂。

馆藏珍品

转轮藏：藏殿因为设有一具八角形转轮藏而得名。智化寺藏殿内的转轮藏全高4米有余，雕刻精美，宗教色彩浓重。

智化寺京音乐：智化寺京音乐是我国现有古乐中唯一按代传承的乐种，自明正统十一年（1446年）从宫廷传入智化寺，在智化寺从未间断地传袭了560余年，现传至第27代传人。智化寺京音乐曲调空灵神秘，古朴典雅，至今仍然保留着唐宋遗风，被誉为"中国古代音乐的活化石"，2006年被列入首批国家级非物质文化遗产名录。

元·《大金色孔雀王咒经》：正文行文疏朗，墨印清晰，字体采用秀丽的赵体，是典型的元代刻经。查此经共一卷，智化寺发现的这卷保存完整。

明·智化寺大鼓：高1.45米，鼓面用牛皮制成，整个大鼓共有12条金龙，鼓身金龙的制作工艺为"沥粉贴金"。著名考古专家徐苹芳先生查看此鼓后表示，身上绘有金龙的鼓在北京地区凤毛麟角，具有非常高的学术价值。

明·智化寺大鼓

社会历史类博物馆

Society & History

41

正阳门

- 北京市东城区天安门广场南端正阳门城楼
- 010-65118110 65118119
- 公交车 5、8 环、9、20、22、44、48、59、301、337、608、626、646、特 2、特 4、特 7、特 11 路、快速公交 1 线前门站下车可到；地铁 2 号线前门站下车可到
- 9：00—16：30(16：00 停止售票，周一闭馆)
- 20 元
- 每周三限 200 人免费参观，须提前预约，预约电话 010-65118110
- 残疾人士、现役军人、离休干部以及北京地区中小学生、60 岁以上老年人免票，大学生、外地中小学生与 60 岁以上老年人半价优惠
- 因位于前门步行街，停车不便，建议乘公交、地铁前来参观

总体概述

正阳门位于天安门广场南端，俗称"前门"，是中国明、清两代王朝都城的正南门，也是老北京城南北中轴线上的重要建筑之一。1988 年正阳门被列为全国重点文物保护单位，1991 年对公众开放，成为一座展示老北京城门城墙与风土人情的博物馆。展厅正中特意标出的黄铜线是唯一实物化了的老北京中轴线，体现正阳门为中轴线上的重要建筑。

展览导引

正阳门城楼内布置有展厅，共 4 层。"正阳门历史文化展"布置在第一层展厅，顶部以圆环吊顶，结合方形展厅，展示古代中国"天圆地方"的天地概念，赋予展览厚重的历史感。第二层展厅运用大量老照片和长卷画幅向观者介绍了具有老北京特色的前门商业文化。城楼三层为临时展厅，多为书画临展。四层则以出售旅游纪念品、工艺品为主。

馆藏珍品

正阳门城楼与箭楼：

正阳门城楼与箭楼是明、清时期北京城墙的遗存，距今已有近 600 年历史。正阳门本是一个包括城楼、箭楼、瓮城（也叫月城）、瓮城东西闸楼、月墙及庙宇等的古代群体建筑，如今仅存城楼、箭楼两座主体建筑，为 1906 年的遗存。城楼为楼阁式，灰筒

正阳门城楼外观

瓦绿琉璃剪边，重檐歇山三滴水结构，通高 43.65 米。箭楼为一砖砌堡垒式建筑，顶为灰筒瓦绿琉璃剪边，重檐歇山式，上下四层，通高 35.37 米，明、清时期箭楼之门只有皇帝出巡或郊祀时才开启。

相关点评

屹立在天安门广场南端的正阳门，是明、清两代王朝都城——京师顺天府内城的正南门，因其位于皇城和宫城的正前方，又俗称"前门"。正阳门坐落在老北京的南北中轴线上，内向"仰拱宸居"，外向"隆示万邦"，具有威天下而昭礼仪的"国门"地位，因而京师诸门中属正阳门规制最为隆崇。它既是中国封建社会后期城市布局、军事防御、礼仪制度和建筑艺术的形象体现，也是北京城历史文化的重要载体。

北京市东南城角角楼

北京市东城区崇文门东大街9号
010-65226008
公交车39、43、44、59、434、特2路东便门站下车可到
自驾车由东二环东便门桥的崇文门出口往西行驶约250米后右转可到
8：00—17：00（无休息日）
10元
学生、现役军人、老年人、残疾人半价（凭有效证件）

总体概述

北京市东南城角角楼是明、清两代北京城内城东南转角处的箭楼，是军事防御建筑，始建于明代正统元年（1436年），距今已有570多年的历史，是全国最大、北京仅存的一座城垣转角箭楼，历经沧桑，历代屡次修缮。1980年5月，角楼成立北京市东南城角角楼文物保管所；1982年2月23日，被国务院公布为第二批全国重点文物保护单位。

馆藏珍品

角楼坐落在北京内城东南城角的墩台上，台高12米，楼高17米，总高29米，平面呈曲尺形，楼内4层。楼顶为重檐歇山顶，灰筒瓦绿琉璃瓦剪边，梁枋绘雅五墨旋子彩画。楼内侧附抱厦两座，正中各辟红漆大门一个。门上各设直棂窗3扇，外墙体分别辟有4层箭窗，每层36孔，共有箭窗144个。整座建筑形式特殊，是我们今天尚能见到的明、清城防设施的独特例证。

相关点评

在建国门南大街和崇文门东大街相交处的内侧，北京火车站东南残留的一段城墙上，矗立着一座雄伟的建筑物，俯视着乘火车进出北京的旅客，形成象征北京的明显标志，它即是建在北京明、清城垣东南角上的角楼。原北京有内城、外城之分。内城建筑较早，是明代初期在元大都城的基础上改建的，除于九门兴建城楼、瓮城和箭楼外，为了加强城垣的防卫，于城四角城台上均建箭楼一座，其名称应是城角箭楼，简称角楼。此处是唯一保存下来的北京城东南角的角楼。

"北京城墙、城门文化展"展陈

角楼

团城演武厅

北京市海淀区香山南路红旗村 1 号
010-62594750　62591609
公交车运通 112、318、360、630、714、698 路红旗村站下车向北 500 米可到
自驾车由西四环四季青桥往西经杏石口路、杏石口桥、香山南路可到
9：00-16：00（周一闭馆）
免费
团体观众须提前 3 日电话预约，预约咨询电话：010-62594750
收费项目：登团城收费 20 元

总体概述

团城演武厅位于香山南麓，是北京集城池、殿宇、亭台、碉楼建筑形式为一体的清代军事建筑群。团城演武厅始建于清乾隆十四年（1749 年），为清代皇帝操练和检阅健锐云梯营的场所。1979 年，团城演武厅收归北京市文物事业管理局，同年被公布为市级重点文物保护单位；2006 年被公布为全国重点文物保护单位并定名为"健锐营演武厅"。

展览导引

团城演武厅建筑由北朝南依次为团城、演武厅、东西朝房、西城楼门、碑亭、放马黄城（已毁）等。一进团城演武厅大门，便看到西城楼门，在古代它是士兵演练的指挥台。"团城演武厅历史沿革展"作为常设固定陈列展：第一部分在演武厅内，介绍团城演武厅遗址；第二部分在东朝房，介绍健锐营创立始末；第三部分在西朝房，介绍健锐营在"金川战役"及"平定新疆回部叛乱"中所起的作用。团城东、西值房内有兵器工坊科普项目及科普展览。登上团城，北城楼保存有乾隆御制实胜寺后记碑。

馆藏珍品

两方石碑：团城演武厅是一组别具特色的武备建筑群，其中团城面积仅 2000 平方米左右。馆藏珍品是两方石碑："敕建实胜寺后记碑"，碑文对健锐营在平定准噶尔、回部叛乱等战役中立下的赫赫战功进行了表彰；"敕建实胜寺碑"，碑体巨大，有"西山碑王"之誉，碑文记述了健锐营成立的始末。

相关点评

四川省阿坝州大、小金川地区神秘的古碉多以泥土和石块建造而成，外形美观，墙体坚实，按用途可分为官寨碉、界碉、家碉、风水碉，更多的是高大坚固的军事作战碉。这些古碉建筑工艺堪称精湛，展厅内有多幅大、小金川地区的碉楼图片，展示了金川古碉的雄伟高大。

团城全景

文天祥祠

🏠 北京市东城区府学胡同 63 号
📞 010-64014968
🚌 公交车 104、108、113 路北兵马司站下车，公交车 2、13、115、701、特 11 路宽街站下车可到；地铁 5
   号线张自忠路站下车可到
🚗 自驾车宽街路口北行 500 米府学胡同内；交道口路口南行 500 米东侧府学胡同内可到
🕐 9：00—17：00（16：30 停止入馆，全年无休息日）
💰 5 元
✉ 未成年人团体（需 20 人以上）预约免费参观，须提前 3 日电话预约，并于参观当天携带相关介绍信等。
   预约电话：010-64014968
🏷 身高 1.2 米以下儿童、残疾人、北京市老年人、士兵、伤残军人凭证件免费参观；中小学生、外地老年人、
   军官凭证件享受 2 元门票价格

总体概述

文天祥祠又称文丞相祠，是明、清两代祭祀南宋抗元英雄文天祥的祠堂。其旧址为元代文天祥被囚于大都（今北京）时的土牢。祠堂始建于明洪武九年（1376年），几经修葺。现有前后两个院落，坐北朝南，布局紧凑，庄严肃穆。前院东墙镶嵌着明代大书法家文征明所书《正气歌》刻石。过厅展示文天祥生平展。2003年又恢复了原堂屋内文天祥塑像、神龛、楹联、匾额、供桌等陈设。1984年文天祥祠对外开放，1992年被评为东城区爱国主义教育基地。

享殿内景

展览导引

第一展室，展出文天祥的生平年谱，其中陈列了文天祥生平展。文天祥的民族气节和浩然正气对后世影响深远。

第二展室，为明、清两代祭祀文天祥的堂屋。陈放着文天祥塑像以及历代文人题写的匾额，屋内还存有明、清两代保留下来的数通石碑。第二展室门前的枣树传说是文天祥亲手种植，加上它的枝干自然向南倾斜，抒发了文天祥不忘故国的情怀，诉说着"臣心一片磁针石，不指南方不肯休"的爱国诗篇。

馆藏珍品

唐代李邕书云麾将军碑：唐代天宝年间文物实物，为唐代书法艺术精品，现为覆盆式柱础。

文信国公画像碑：明代立碑，为现存最早的文天祥画像碑。

相关点评

文天祥（1236—1283年），原名云孙，字宋瑞，又字履善，号文山，吉州庐陵（今江西省吉安县富田村）人，为南宋杰出的抗元英雄和诗人，著有《文山先生全集》。宋景炎三年（1278年）元军南犯宋室，文天祥起兵抗元，不幸于广东海丰兵败被俘，解往大都途经零丁洋时写下千古名篇《过零丁洋》。元至元十五年（1278年），文天祥解抵大都，被关押在兵马司土牢，在狱中写了著名的《正气歌》。

文天祥擅长书法，行草流畅劲秀，后人评论说他的字"笔势雄劲，虎跃龙腾"。文天祥传世墨迹有《自书木鸡集序》《谢昌元座右自警辞》《遗像家书》等。

社会历史类博物馆

Society & History

45

永定河文化博物馆

- 北京市门头沟区门头沟路 8 号
- 010—69852446
- 公交车运通 112、运通 116、运通 101、959、972 路城子大街南口站下车可到，公交车 370、992、960 路河滩站下车可到
- 自驾车由阜石路向西至门头沟区双峪环岛，再经河滩十字路口向西 200 米可到
- 9：00—16：00（周一闭馆）
- 免费
- 团体参观预约；零散观众现场领票

总体概述

永定河文化博物馆是北京市第一家区县级地志性综合博物馆，1984年9月正式建成开放接待观众。博物馆是以收藏、研究、传播历史与民俗等社会科学知识，介绍、推广、传播新技术和学术新发现等科学成果为主要内容的文化教育机构。新馆陆续推出"龙泉务窑考古发掘成果展""从历史走来的门头沟"两个基本陈列。

展览导引

新馆建筑为8层白色建筑，其南北两侧墙壁上有锈红色浮雕。共有三层展厅，二层为临时展厅，三、四层为基本陈列展厅。其中三层是"龙泉务窑考古发掘成果展"，分出土器物、遗址遗迹、装饰技法、装烧工艺、琉璃烧造部分，介绍了龙泉务辽瓷窑考古发掘成果。四层是"从历史走来的门头沟"基本陈列，通过新中国成立以来在门头沟区发现和保存的历史、革命史、民俗等700余件文物及资料，展示门头沟区自11万年前至1948年12月的历史发展进程。

馆藏珍品

琉璃辽三彩菩萨像：龙泉务窑出土的琉璃辽三彩菩萨像，高32厘米，菩萨头着花蔓冠，面圆润，双目微启平视，眉间有毫，是辽代琉璃制品的上乘佳作。

相关点评

琉璃辽三彩菩萨像的出土，填补了北京地区生产辽三彩制品的空白，对于认识龙泉务辽瓷窑的生产品种和工艺，提供了重要依据和资料。现被首都博物馆作为北京重要文物长期借展。

走进博物馆

琉璃辽三彩菩萨像

"从历史走来的门头沟"文物

北京钟鼓楼文物保管所

- 北京市东城区钟楼湾胡同临字9号
- 010-84027869　84036706
- 公交车5、60、82、124、107、635路鼓楼站下车可到；地铁2号线鼓楼大街站下车可到
- 自驾车由北二环安定门桥往南经安定门内大街、鼓楼东大街、钟楼湾胡同可到。无停车位
- 9:00—17:00（16:40停止售票）
- 钟楼15元；鼓楼20元；通票30元
- 大中小学生（含港澳台、不含成人教育及研究生）凭学生证半价；军人凭军官证半价；60周岁及以上老年人凭北京市政府有关部门核发的老年证半价；1.2米以下儿童、现役士兵凭士兵证、残疾人凭残疾证免票

钟鼓楼

总体概述

北京钟鼓楼位于古都北京南北中轴线的最北端，始建于元朝，曾为元、明、清三代的报时中心，是古都北京的地标性建筑，也是古都北京城市的"表"，在"暮鼓晨钟"声中向古都报送了652年（1272—1924年）的标准"北京时间"。北京钟鼓楼是全国现存钟鼓楼中保存最为完好、体量最大的一组古代建筑，是中国古代城市钟鼓楼的建筑典范，现为全国重点文物保护单位。

北京钟鼓楼从始建至今已有740年的历史，历经多次损毁和重修、重建，现存鼓楼为明朝建筑，钟楼为清朝建筑。钟楼建筑风格非常独特，整个建筑为全砖石无梁拱券式结构，巧妙地将建筑结构、共鸣、传声、防火完美地融为一体，在我国古代大型建筑史上堪称杰作。

历史上的北京钟鼓楼有一套完整的报时系统：即漏刻计时—击鼓定更—撞钟报时。报更时，鼓声雄浑的25面更鼓与钟楼上重达63吨的"古钟之王"永乐大钟的浑厚绵长的钟声响彻京城。

馆藏珍品

明·永乐报时铜钟：

该钟铸造于明朝永乐年间，重约63吨，以其帝京定鼎之位，精湛之铸技，悬挂之非凡，报时警统之功能著称于世，堪称"古钟之王"。

相关点评

为弘扬中国传统计时文化，北京钟鼓楼文物保管所从2001年起至今，先后复制了25面报时更鼓、铜壶滴漏、碑漏、屏风香漏、柜香漏等古代计时器具，它们与钟鼓楼建筑、永乐大钟形声共存，向中外游客展示中华民族古代的报时方法、科技文明、民俗文化、建筑艺术……让人们从中感悟一段逝去的历史岁月，成为传承中华民族古老文明的载体。

明·永乐报时铜钟

社会历史类博物馆

Society & History

47

法海寺

🏠 北京市石景山区模式口村北
☎ 010-88713976
🚍 公交车336、396、959、972、977路首钢小区站下车可到；地铁1号线苹果园站换乘336、396路至首钢小区站下车，311、527路至模式口东口站下车可到
🚗 自驾经长安街、石景山路、北辛安路、石门路至首钢小区北模式口村西口可到；或经颐和园、香山路、西五环路、杏石口、香山南路、金顶山路到模式口东口可到
🕐 9：00—16：00（16：00停止入馆，全年无休息日）
💰 20元
🏷 参观壁画真迹须购票100元
🏷 学生、老年人、军人10元；离休人员、残疾人、1.2米以下儿童免费（凭有效证件）

明·大型壁画

总体概述

　　法海寺位于京西翠微山南麓，原名龙泉寺。法海寺始建于明正统四年（1439年），落成于正统八年（1443年），英宗钦赐额曰："法海禅寺"。院落依山势层叠而上，依次为：护法金刚殿、四天王殿、大雄宝殿、药师殿和藏经阁。殿堂形制布局是汉藏两族僧俗官员共同设计，这在北京寺院建筑史上是独一无二的。寺中大型壁画、"曼陀罗"藻井、青铜梵钟、千年白皮松和四柏一孔桥，被誉为法海寺"五绝"。法海寺的重大价值和精华乃是大雄宝殿内保存完好的明代大型壁画。

展览导引

　　法海寺四进院落，沿中轴线依山势而上。坐落在二进院的大雄宝殿内珍藏着明代壁画真迹。坐落在三进院的药师殿内为明代壁画原大

藏经阁

四柏一孔桥

千年白皮松

千年白皮松：位于二进院大雄宝殿前，共有两株，树龄已有千年。

四柏一孔桥：因桥的东西两侧对称地长有4棵柏树，以树根为桥面依托，故而得名。

相关点评

在我国现存的明代壁画中，从壁画艺术、规模、完整程度和壁画的制作工艺、绘画技巧、人物造型及多种用金方法等多方面综合论证，法海寺壁画堪称我国明代壁画之最。

复制品。二进院内有4个展厅，分别为："法海寺历史文化展""法海寺遗存文物展""中国古代壁画艺术及精品展""法海寺研摹展"。

馆藏珍品

明·大型壁画：保存完好的壁画分布在大雄宝殿的扇面墙、后檐墙和东西山墙，整个壁画气势宏伟，人物刻画细致传神，画法沿用唐宋遗风，工笔重彩，沥粉贴金，显示出明代壁画艺术的高超技法。

"曼陀罗"藻井：位于大雄宝殿内顶棚上，共有3个，均为明代原物，是佛教密宗的明显标志。为今世寺庙少有。

青铜梵钟：该钟铸造于明正统十二年（1447年），钟身通高近2米，重1068千克。

明·青铜梵钟

明·藻井

圆明园展览馆

🏠 北京市海淀区清华西路 28 号
📞 010-62568872　62628501　62616375
🚌 公交车 320、628、697、特 6 路至圆明园南门站下车可到，公交车 664、特 4、982 路至圆明园东门站下车可到；地铁 4 号线至圆明园站下车可到
🚗 自驾车由北四环中关村一桥往北走中关村北大街、清华西路可到
💰 免费
❗ 收费项目：NFC 电子导览器租用。目前展览馆因修缮暂时闭馆
🔄 循环播放大型纪录片《圆明园》

总体概述

圆明园展览馆位于圆明园遗址公园西洋楼遗址区内，自1979年开馆以来一直把爱国主义宣传教育工作作为首要工作，先后被列为全国中小学爱国主义教育基地和北京市国防教育基地。2012年圆明园管理处对展览馆进行了改造，并重新布展。

展览导引

改造后的新馆共有5个展厅和1个服务区，介绍作为清代中西文化交流的重要代表——西洋楼景区兴衰演变的整个过程，成为折射圆明园沧桑的一个缩影。第一、二、三展厅通过全息投影、互动体验等方式直观展现西洋楼的盛时风貌。第四展厅展出的是1873年德国人奥尔默在西洋楼拍摄的迄今所知最早的一组圆明园照片。第五展厅为放映厅，播放通过现代数字手段复原的西洋楼原貌视频。

馆藏珍品

汉白玉石鱼(一对)：

汉白玉石鱼，长125厘米，高58厘米。这对石鱼原本位于西洋楼大水法前，清咸丰十年（1860年）圆明园罹难后，这对石鱼辗转

西洋楼大水法遗址

汉白玉石鱼

流落他处，2006年，回归圆明园。

西洋楼铜版画：

此画为西洋楼建筑立面透视画，共20幅，图幅面宽93厘米，高58厘米。清乾隆五十一年（1786年）成图，由宫廷满族画师伊兰泰起稿，造办处工匠雕版。

西洋楼老照片：

清同治十二年（1873年），由德国人奥尔默拍摄。那时西洋楼一带的欧式建筑轮廓大体完整，大火毁掉的只是建筑的内部构架及屋顶。特别是万花阵留存完好，中央的凉亭仍清晰可见。

相关点评

圆明园有"万园之园"之称，是中国古典皇家园林的登峰造极之作。清咸丰十年（1860年）英法联军纵火焚烧圆明园，使圆明园变成一片废墟。圆明园从创建到毁灭的全过程就是清王朝历史的一个缩影。

大觉寺

- 北京市海淀区苏家坨镇大觉寺路9号
- 010-62456163-0
- 公交车633路直达大觉寺站下车；公交车346、330、651路至温泉站换乘633路至大觉寺站下车可到
- 自驾车走G6京藏高速北安河出口经北清路、温北路、大觉寺路可到
- 8：00—17：00（无休息日）
- 20元
- 北京市老年人、残疾人、中小学生、现役义务士兵免票（凭有效证件）；大学生或研究生半价票（凭有效证件）；每周三前200名免费参观
- 收费项目：语音导览器租用／人工讲解

大觉寺山门

大觉寺秋季的千年银杏树

总体概述

大觉寺是京西著名古刹，始建于辽代，存有最早历史记载的辽碑刻，辽咸雍四年（1068年），因寺内有清泉流入，故名"清水院"，后改称"灵泉寺"，为金章宗时西山八院之一。明宣德三年（1428年）重修，改称大觉寺。大觉寺周围群山环抱，寺内泉水长流。自然景观与人文景观相互融合，形成了独特的园林风格。此外，闻名京城的明慧茶院便设在大觉寺内。

展览导引

中轴路为佛殿堂，依次为山门、御碑亭、功德池、钟鼓楼、天王殿、大雄宝殿、无量寿佛殿、大悲坛、佛塔、龙王堂。南路为清代皇帝行宫，主体建筑依次为戒堂、四宜堂、憩云轩、领要亭。北路为旧时僧人生活居住之所，主体建筑依次为方丈院、北玉兰院、香积厨等。

馆藏珍品

《阳台山清水院藏经记》石碑：此碑是遗存于今阳台山东麓大觉寺内的一块著名辽代碑刻。碑文内容涉及佛教史、地方史和刊刻《契丹大藏经》的历史，对于研究辽代南京地区的佛教文化具有十分重要的作用，对于研究南京地方史和研究辽代《契丹大藏经》的历史也有重要的补史作用。

相关点评

大觉寺坐西朝东，沿袭了辽代契丹统治者"尊日东向"的习俗和中国传统建筑中轴对称的布局。整座寺院布局完整、雄伟壮观。殿内供奉的佛像造型优美、形象生动。

社会历史类博物馆

Society & History

茅盾故居

⌂ 北京市东城区交道口南大街后圆恩寺胡同 13 号
☎ 010-64040520
🚌 公交车 104、108、113、特 11、612、758 路交道口南站下车；635 路宝钞胡同站下车，107、124 路小经厂站下车可到；地铁 2 号线安定门站西北出口换乘 104、108 路交道口南站下车，地铁 5 号线北新桥站换乘 107、635 路宝钞胡同站下车可到
🚗 自驾车由北二环安定门桥往南走安定门内大街、交道口南大街、往西走后圆恩寺胡同可到
🕘 9:00—16:00（周一闭馆）
💰 免费
❗ 地处闹市，无停车位

茅盾雕像

夜》《林家铺子》《春蚕》等作品。新中国成立后，出任中华人民共和国第一任文化部部长。在长达15年的文化部部长的岗位上，他带领文化工作者，为繁荣我国文化事业作出了应有的贡献。

总体概述

1974—1981年茅盾去世前，他一直在这里生活和工作。故居为二进四合院，占地面积850.7平方米。整个小院完好保留了原貌，门内影壁上镶有邓颖超题写的"茅盾故居"大理石横匾；书房内有他生前伏案撰写《我走过的道路》回忆录时使用过的写字台；会客厅内有他与朋友促膝交谈时坐过的沙发；卧室内堆放着他写回忆录时备查的旧期刊，以及平时收集的剪报资料和晚年阅读过的书籍等。透过这些古朴的家具和物品，我们仿佛感到老人还健在，他仍然在为中华民族的伟大复兴而勤奋探索！

展览导引

在前院的陈列室，开设了"伟大的革命家——茅盾生平展览"。展览共分3部分，通过图片、文字和实物，展现了茅盾非凡的、革命和文学交相辉映的一生。20世纪80年代故居被定为市级文物保护单位。

相关点评

茅盾（1896—1981年）原名沈德鸿，字雁冰，浙江桐乡市乌镇人。中国现代文学泰斗，伟大的革命文学家，曾创作过《子

故居室内展览

故居室内陈设

故居院内

中国钱币博物馆

- 北京市西城区西交民巷 17 号
- 010-66024178 66081385
- 公交车 2、5、126、120 路天安门广场西站下车，公交车 9、44、337、67、608、特 7、特 2、特 4 路前门西站下车可到；地铁 2 号线前门站下车可到
- 自驾车至长安街，经人民大会堂西路往南，再经西交民巷可到
- 9：00—16：00（15：30 停止入馆，周日、周一闭馆）
- 10 元

总体概述

中国钱币博物馆是国家级钱币专业博物馆，成立于1992年，馆址在天安门广场西南侧，西交民巷17号。中国钱币博物馆主要从事古代货币及银行史相关实物的收藏、陈列和研究。

中国钱币博物馆馆藏丰富，有30余万件历代货币及相关实物藏品，其中以先秦货币、古代金银货币、近代机制币、历代纸币见长。中国钱币博物馆拥有高素质的研究人员队伍，在钱币鉴定、先秦货币研究、宋代货币史研究、钱币合金与铸造技术研究、纸币研究等领域处于领先地位。

展览导引

博物馆主体建筑为3层展览大楼，共设有3个厅。一层展厅用于专题性展览；二层为"中国古代钱币陈列"，展示先秦至清末各个历史时期不同质地、不同种类的货币；三层展厅为"中国近代钱币陈列"，展示清末民国的机制铜元、银币，民国时期不同阶段的纸币，以及红色政权货币。

馆藏珍品

先秦·楚国"视金一朱"铜钱牌：这是一种形制特殊的高面值货币，是研究先秦时期楚国币制的重要实物。

金·"承安宝货·壹两"银铤：此种银铤铸量稀少，澄清了以往界关于承安宝货形制的种种误读。

唐·"杨国忠进"银铤：银铤上的铭文是研究唐代金银铸币及其铸作铭文的珍贵资料，也是唐代经济文化发展的重要实物见证。

相关点评

我国是世界上最早制造和使用货币的国家之一，有着2500多年的货币历史。钱币虽小，却与古代的政治经济、商贸交流、民族关系、地理沿革、度量衡制、工艺美术、文字书法等密切相关，是人们了解中国历史文化的一条重要途径。

目前，全国有近百家钱币专题博物馆，各类钱币博物馆已形成一个群体，它们各有侧重，各有特点。可以说，中国钱币博物馆无论在藏品、学术研究、陈列展览等方面均处于领先地位，是钱币学研究的大本营和领头单位。自建馆以来，博物馆一方面以形式多样的方式向公众介绍中国货币发展的历史，另一方面也为国内外的有关专家提供了一个实物和文献资料较为完备的研究场所。

金·"承安宝货·壹两"银铤（正面）

社会历史类博物馆

Society & History

53

恭王府及花园

🏠 北京市西城区前海西街 17 号
☎ 010-83288149
🚌 公交车 13、42、107、111、118、701 路北海北门站下车；地铁 6 号线北海北站下车往北 150 米即到
🚗 自驾车由北二环德胜门桥往南，经德胜门内大街、定阜街、柳荫街可到
🕐 旺季为每年 3 月 16 日—11 月 15 日，7：30—16：30；淡季为每年 11 月 16 日—次年 3 月 15 日，8：30—16：00
💰 散客参观门票 40 元 / 人，购票后可进入园区自行游览，或有偿聘请讲解员，每位讲解员收费标准：
5 人以下 200 元 / 次，5 人以上 40 元 / 次 / 人，不含参观大戏楼项目，法定节假日除外；系列游服务票
70 元 / 位，含入园门票，参加组团后享受全程讲解服务，观赏大戏楼演出，品尝盖碗茶、传统小吃
🔖 1.2 米以下儿童免费；离休人员、残疾人员凭有效证件免费；老年人、大中小学生（不含成人教育、研究生）、现役军人凭有效证件半价优惠

总体概述

恭王府是中国现存唯一保存完整的清代王府。府主人中有两位曾声名显赫，权倾一时。一位为乾隆皇帝的宠臣和珅（1776—1799年入住），另一位为咸丰皇帝的六弟恭亲王奕䜣（1852—1898年入住）。

恭王府由府邸、花园两部分组成，总占地面积约为6万平方米，其中府邸占地约3.2万平方米，花园占地约2.8万平方米。1982年列为全国重点文物保护单位。2012年被评为国家5A级旅游景区。

展览导引

恭王府坐北朝南，由府邸、花园两部分组成。府邸为三路五进院落，建

恭王府花园一角——湖心亭

筑规模精湛而宏伟。中路建筑屋顶饰以绿色琉璃瓦，以明示仅次于皇宫的亲王府建筑规制。又因曾是和珅宅的缘故多有逾制，在诸多建筑和装饰上，今天看来堪称精美绝伦，稀世无双。花园又名萃锦园，意为集群芳之荟萃，锦绣之精美，成一代名园。整体布局是三面环山，园中花繁林茂，庭深廊绕；山水亭台，交相辉

映。恭王府内有60余处景观与景点，分属于东、中、西三路。

馆藏珍品

建筑绝品"后罩楼""西洋门""大戏楼""锡晋斋"；镇府之宝"福字碑"及典藏明清家具。

相关点评

恭王府积淀着历史的年轮，蕴含着清代王府文化的精深与浩瀚。"一座恭王府，半部清朝史"，便是其真实写照。恭王府因而享誉为京城历史、文化、旅游皇冠上的一颗璀璨明珠。

大戏楼

慈悲庵

⌂ 北京市西城区太平街 19 号陶然亭公园内
☎ 010-63511596
🚍 公园东门：公交车 14、106 电车、102 电车、40、613、特 5、66、603 路太平街站下车可到；
公园南门：特 3、122、958 路陶然亭公园南门站下车可到
🚗 自驾车由南二环陶然桥往北走太平街可到东门，左转往西经陶然亭路可到北门
🕐 9：00—17：00（16：30 停止售票）
💰 4 元
🏷 大中小学生、老年人半价（凭有效证件）。未成年人集体（20 人及以上）事先凭介绍信与博物馆联系，可免费参观（节假日除外）

陶然亭

总体概述

慈悲庵坐落于陶然亭公园湖心岛西南的高台上，建自元代，又称观音庵。历史上这里是文人墨客会集赋咏之地，曾留下许多传诵一时的诗篇。庵内的陶然亭又是近代革命志士的秘密集合场所。经 1979 年全面修缮后，慈悲庵现辟为小型博物馆，有 5 个展室，分别为：李大钊纪念室、五团体会议纪念室、陶然亭园史陈列室、陶然亭碑刻陈列室、科举文化展室，主要介绍陶然亭的历史及革命先辈以陶然亭为活动地点进行的革命活动。

展览导引

慈悲庵的主要遗存位于第二层台地上，采用比较灵活的院落布局，包括东山门、观音殿、准提殿、准提殿东配房、文昌阁、南厅、西厅、北厅、陶然亭、游廊、辽代经幢、金代经幢，被五道院墙分隔为前院、后院、东跨院和北跨院 4 个部分。

相关点评

陶然亭公园建于 1952 年，是一座融古典建筑和现代造园艺术为一体的以突出中华民族"亭文化"为主要内容的历史文化名园，是国家 4A 级旅游区（点）。全园占地面积 56.56 公顷，其中水面面积 16.15 公顷。

陶然亭是清代的名亭，也是中国四大名亭之一。清康熙三十四年（1695 年），当时任窑厂监督的工部郎中江藻在慈悲庵内创建此亭，并取唐代诗人白居易"更待菊黄家酿熟，共君一醉一陶然"之诗意，为亭题额曰"陶然"。这便是公园名称的由来。

辽·经幢

社会历史类博物馆

Society & History

55

卢沟桥历史博物馆

🏠 北京市丰台区卢沟桥城南街 77 号
☎ 010-83895399　83200732
🚌 五棵松乘 624、693、983 路，六里桥乘 661、662、309、339、715 路，丰台乘 77、971 支、313、310 路抗战雕塑园站下车可到
🚗 自驾车由三环路六里桥，四环路岳各庄桥上 G4 京港澳高速行至卢沟桥、宛平城出口，沿辅路直行至第一个红绿灯右转路西即到
🕘 9：00—16：00（周一闭馆）
🎫 博物馆免费（卢沟桥门票 20 元）

石雕《古渡追忆》

总体概述

卢沟桥是1961年国务院公布的第一批国家级重点文物保护单位。运用三维技术等科技手段再现"卢沟晓月"意境，新增触摸屏互动查询系统等现代科技手段的展览方式进行布展，充分展示中华民族优秀的传统文化，更好地发挥爱国主义教育基地的作用。

展览导引

卢沟桥历史博物馆主体建筑为灰白色墙体一层仿古建筑，共有3个展厅：第一展厅为科学之桥展厅，用图片和实物展示了卢沟桥设计科学周密，建造严谨细致。第二展厅为艺术之桥展厅，用图片和实物展现卢沟桥完美的造型，石狮和碑亭、碑文等石刻，充分显示了我国古代劳动人民的智慧。第三展厅为历史之桥展厅，用图片和实物展示了卢沟桥800多年来的厚重历史和文化遗迹。晓月厅运用现代科技手段再现"卢沟晓月"春夏秋冬、风花雪月四季变化的意境。

馆藏珍品

明·武俊碑：武俊原为御马监太监，是崇祯时修建拱极城（宛平城）的督造官。武俊碑记载了建城经过和所用银两，工料的数目，料从何来，钱从何出，以及明代建筑的造价和生产效率等。此碑填补和更正了许多明、清关于建置宛平城的阙漏史料。

相关点评

卢沟渡口，自古以来即是通往华北平原的要津。金王朝为了在军事上和经济上加强对华北地区的控制，解决交通问题，于金大定二十九年（1189年）在卢沟渡口修建闻名中外的卢沟桥。它历经800余年仍结构坚固，成为我国华北地区保存最为完整的11孔联拱石桥。

桥梁既是建筑，又是文物；既是工程技术，又是艺术创作。卢沟桥自建成后一直是军事重地，成为北京重要的西南门户。从宋金争战到靖难之变，从李自成进京到第一次直奉战争，从中国军队在卢沟桥打响全国抗战的第一枪到解放战争时期程子华兵团途经卢沟桥为北平解放立下战功，卢沟桥见证了一页页刀光剑影的历史！卢沟桥抗战更因作为中国人民全面抗战的起点，世界反法西斯战争在东方的爆发点而闻名世界。

平西人民抗日斗争纪念馆

🏠 北京市房山区十渡西庄路口8号
☎ 010-61340702
🚌 公交车836、917路十渡站下车可到；北京南站乘火车可到十渡
🚗 自驾车由南四环马家楼桥往南，至新发地桥走京良路，经京深路、周张路、涞宝路、十大路可到
🕐 8:30—16:00（周一闭馆）
💴 免费

萧克的题词

总体概述

平西人民抗日斗争纪念馆坐落在北京市房山区十渡，占地面积5万多平方米。这里青山野渡、百里画廊、山明水净、风景秀丽，是闻名中外的世界地质公园风景游览区、著名

平西无名烈士纪念碑

烈士墓

的红色旅游胜地。1985年，曾长期在平西战斗过的萧克、杨成武、萧文玖等老将军们倡议，在十渡建立平西抗日烈士纪念碑，以缅怀先烈、教育后人为长远之目的。经过20年的辛勤建设，平西人民抗日斗争纪念馆已经发展成为拥有烈士纪念碑、无名烈士墓、烈士碑林等烈士纪念建筑物。抗日战争时期，平西抗日根据地留下了许多老区人民和八路军战士一起同日本侵略者英勇斗争的动人事迹。《没有共产党就没有新中国》这首歌的词曲就创作于平西抗日根据地堂上村的中堂庙。挺进剧社的小战士曹火星在庙里点亮了马蹄灯，开

始构思创作，经过一夜的思考和创作，第二天拂晓终于写出了《没有共产党就没有中国》这首歌曲，后来毛泽东主席在中国前加了一个"新"字，也就成为了一直传唱至今的《没有共产党就没有新中国》这首革命歌曲。

馆藏珍品

抗战文物：平西人民抗日斗争纪念馆展品很多，其中挺进剧社所用的乐器、马安村的抗日模范锦旗、平西兵工厂生产的炸狼弹等都是该馆独有的最有价值的展品。

相关点评

平西人民抗日斗争纪念馆陈列着实物、照片、文字等珍贵的史料，集中反映了抗日战争时期平西军民在党的领导下不屈不挠、英勇斗争的伟大精神和众志成城、前赴后继的革命气概，向世界展示着一幅幅血与火的历史画卷。

社会历史类博物馆 Society & History

平北抗日战争纪念馆

- 北京市延庆县平北抗日烈士纪念园管理处
- 010-69191619　69192567
- 德胜门乘 919 路公交车至延庆南菜园站换乘 875 路韩郝庄站下车，往北步行 500 米可到
- 自驾车经 G6 京藏高速营城子出口，快速路龙庆峡方向，龙庆峡路口可到
- 8：30—16：30（无休息日）
- 免费
- 电话预约；零散观众现场预约

展厅展品

总体概述

平北抗日战争纪念馆主要纪念建筑由烈士纪念碑和纪念馆两部分组成。2011年6月改扩建后的纪念馆正式对外开放。展馆面积3000平方米，展示了1933年至1945年平北军民反抗日军侵略的史实。1995年以来先后被命名为全国爱国主义教育基地、北京市烈士纪念建筑物保护单位、北京市红色旅游景点等。

展览导引

纪念馆分为序厅、展厅、影视厅3个部分，总面积近3000平方米。其中展厅又分为9个部分：第一部分，"长城燃烽火　平北擎战旗"；第二部分，"四纵向东进　创建根据地"；第三部分，"人民遭涂炭　千里无人区"；第四部分，"浴血抗强敌　发展根据地"；第五部分，"开展大生产　壮大根据地"；第六部分，"军民齐努力　建设根据地"；第七部分，"解放张家口抗战迎胜利"；第八部分，"英名垂千古　豪情贯天地"；第九部分，"英烈凭吊纪念堂"。

馆藏珍品

抗战时期满洲蒙疆时的钱币及磨刀石等：展厅里陈列着抗战时期平北军民使用过的武器、生活用品等实物，其中最吸引人的展品就是抗战时期满洲蒙疆时的钱币及磨刀石。

相关点评

平北抗日战争纪念馆奉献给观众的正是中华民族伟大的抗日战争史册中的一段难以寻到的史实，其斗争之艰巨、牺牲之惨痛、战争之伟烈，也足以光照千秋。

新建成的平北抗日战争纪念馆更加真实生动地反映了平北人民同仇敌忾、反抗侵略的斗争史实，深切缅怀毁家纾难、视死如归的平北英烈，弘扬培育愈挫愈勇、自强不息的伟大民族精神，充分发挥平北抗日战争纪念馆以史鉴今、昭示后人的教育作用。

清明祭扫

冀热察挺进军司令部旧址陈列馆

🏠 北京市门头沟区斋堂镇马栏村
☎ 010—69819995　69816347
🚌 地铁1号线至苹果园站换乘892路公交车至斋堂镇环岛，从斋堂镇打车至陈列馆约6000米
🚗 自驾车由西四环定慧桥往西走阜石路，再沿109国道至斋堂镇，按挺进军司令部路牌转弯行至马栏村可到
🕐 8:00—17:00（16:30停止入馆）
💴 免费
✉ 电话提前预约

"挺进军在马栏"展览

总体概述

冀热察挺进军司令部旧址陈列馆是北京市第一家村自筹资金建的博物馆，也是全市第一个由村解决产权、征集文物、搜集资料、村民捐款建起的博物馆，1997年9月23日被列为北京市青少年教育基地，2000年10月又被列为市级国防教育基地。

展览导引

陈列馆分为5个展室和1个序厅。第一展室：挺进军的组成和挺进军的足迹；第二展室：英雄的马栏村；第三展室：英雄的马栏村、鱼水情长；第四展室：鱼水情长；第五展室：挺进军中的共和国将军。序厅：挺进军萧克司令员指挥部。

馆藏珍品

毛主席亲笔签发的光荣纪念证：1942年日军扫荡马栏村，把村民驱赶到戏楼前，逼迫众人说出八路军的下落。村民张兰珠为救乡亲，英勇就义。这就是后来被人们称谓的"马栏事件"。"马栏事件"中为救乡亲英勇就义的张兰珠，没有被共和国忘记。1955年毛主席亲笔签发光荣纪念证，发到张兰珠家属手中。

周总理亲笔签发的《国务院奖状》：1958年是马栏村农业的鼎盛时期，当时年产核桃13万斤，鸭梨12万斤。1958年12月31日，马栏生产队受到了周总理的亲笔嘉奖。

相关点评

1939年1月，抗日战争最艰苦的日子，萧克将军等奉中央和军委命令，宣布成立冀热察挺进军，萧克任司令员兼政委。挺进军成立后，在平西、平北、冀东浴血奋战，指挥军民粉碎日寇数次大扫荡。经过艰苦卓绝的斗争，抗日根据地人口发展到320万人，建立正规兵团1.6万人，脱产游击队1万余人，并建立了广大的民兵组织，实现了"巩固平西、坚持冀东、开辟平北"的战略意图。如果说挺进军是一把插在日寇统治心脏地区的利剑，马栏则是这把利剑最锋利的部分。小小的马栏，因为挺进军而声威大震，成为平西敌后抗日战场最坚强的战斗堡垒。

第五展室

社会历史类博物馆　Society & History

曹雪芹纪念馆

🏠 北京市海淀区卧佛寺路北京市植物园内
☎ 010-62595904
🚌 公交车563、331、696、运通112路北京植物园站或卧佛寺站下车；公交车360、318、714、698路中科院北京植物园站下车，向北行过红绿灯至北京植物园内
🚗 自驾车走五环，由香山出口出，经香泉环岛，往香山方向约300米，北京市植物园内1000米即到
🕐 冬季9：00～16：00，春、夏、秋8：30～16：30（闭馆前半小时停止进馆，周一闭馆）
💰 免费（北京植物园门票：5元，大型活动期间，门票另定）
✉ 团体观众提前3日电话预约，预约电话010-62595904 62591561-2028
ℹ 纪念馆在游览旺季有固定时间讲解；特别要求讲解，收费有100元、50元两种

总体概述

曹雪芹纪念馆是以发现曹雪芹友人赠联的香山正白旗39号院为基础，创建的以曹雪芹、《红楼梦》为主题的历史文化名人纪念馆。纪念馆创建于20世纪80年代，1984年正式对社会开放。

展览导引

纪念馆现有4个院落、20余间展室，除保留了曹雪芹生活、著书场景外，系统地展示了曹雪芹、《红楼梦》相关知识，并有提供"红学"书籍及工艺品的"解味书屋"和一处临时展室。

第一排房屋前四间为第一院落，展示生活场景；前四间房后的八间房屋系统讲述建馆由来和曹家家世。第二排房间（第三院落）及第四院落的一部分讲述曹雪芹的传奇一生，依照目前所知道的制度、档案、文献、传说、文物，用文字、图片、实物、

模型等多种方式，对曹雪芹的一生进行了系统叙述，并对相应学术问题进行展示和分析。第四院落另一部分为《红楼梦》的传播与《红楼梦》艺术，包括《红楼梦》的版本、研究、在世界各地的传播，以及种种艺术形式等。

馆藏珍品

题壁诗文：1971年于正白旗39号院西墙上发现的与曹雪芹相关的题壁诗文，其中的菱形对联与香山民间历代相传的曹雪芹友人赠联仅有3字之差，是研究曹雪芹、曹雪芹故居的重要文物。

相关点评

《红楼梦》是中国传统小说的巅峰之作，曹雪芹通过其精妙的文法、宏大的叙事结构、诗一般的语言，描写了贾宝玉与林黛玉、薛宝钗等"金陵十二钗"的命运纠葛，引发了后世学者及社会大众

的喜爱。据不完全统计，《红楼梦》一书塑造各种鲜活人物达500余人，几乎等于莎士比亚所有作品塑造的人物数量。因此，著名文学研究者李辰冬指出，从文学艺术的角度上讲，在世界文学史上，只有曹雪芹可与莎士比亚并驾齐驱。

曹雪芹生活场景

曹雪芹纪念馆第一排展室

正白旗39号院西墙题壁诗全景

香山双清别墅

🏠 北京市海淀区买卖街香山公园内
☎ 010-62591264
🚌 公交车 318、331、698、696、360、714、360、563 路快车香山公园站下车可到
🚗 自驾车由西北五环香山路出口离开，由香泉环岛向西北方向沿香山路并按香山公园路标行驶可到
🕐 8：30—16：00
💰 免费
❗ 香山公园为一级防火区，严禁吸烟及野外用火

双清别墅院内

总体概述

双清别墅坐落在香山公园南侧，是一座依山而建的幽雅庭院。其前身是静宜园二十八景之一栖云楼。清咸丰十年（1860年）被英、法联军洗劫后焚毁。1920年著名教育家熊希龄在香山成立慈幼院，将此处辟为私人宅邸，更名为双清别墅。1949年3月25日，中共中央书记处及人民解放军总部从西柏坡迁至北平，毛泽东在此居住，朱德、刘少奇、周恩来、任弼时四位书记居住在与双清别墅比邻的来青轩旧址。

双清别墅是见证中国革命史的神圣之地，在这里印证了中国革命从农村走向城市，在这里印证了中国革命从胜利走向胜利的伟大转折和光辉历程。

展览导引

双清别墅作为全国爱国主义教育示范基地，展览内容共分为"毛泽东工作和居住的地方"（故居）和"毛泽东在双清活动陈列"（陈列室）两大部分。第一部分以实物陈列为主，按当时毛泽东在双清别墅生活、工作的情形恢复了办公室、会客室、卧室、六角红亭、防空洞等，通过展示体现老一辈无产阶级革命家艰苦朴素的生活作风和宵衣旰食忘我工作的革命精神；第二部分以图文陈列为主，由从西柏坡到北平香山、中共中央在香山、领袖生活在香山3部分内容组成，翔实地反映了在中国革命即将取得全面胜利的时候毛泽东等中央领导集体所创造的不朽功绩，给人以深刻的教育和启迪。

相关点评

双清别墅是筹建新中国的革命摇篮。在这里，毛泽东等中央领导人共同指挥了渡江战役和解放全中国的伟大进程；策划了国共和谈；筹备召开了政治协商会议；制定了新中国经济建设根本方针及各项关系到中国命运的重大政策。

室内陈列

社会历史类博物馆 | Society & History

老舍纪念馆

⌂ 北京市东城区灯市口西街丰富胡同 19 号
☎ 010-65142612
🚌 公交车 104、108、103、111、803、420 路灯市口西口站下车往西走，或 2、60 路妇产医院站下车往东走可到；地铁 5 号线灯市口站或 2 号线王府井站下车可到
🚗 自驾车由东二环金宝街出口往西，经金鱼胡同至王府井大街路口右转，至灯市口西街路口左转往西可到
🕐 9：00—16：30（15：40 停止入馆，周一闭馆）
💴 免费
✉ 团体观众提前 1 日以上电话预约，预约咨询电话：010-65142612；零散观众现场领票

总体概述

老舍，中国现代小说家、著名作家，杰出的语言大师，新中国第一位获得"人民艺术家"称号的作家。老舍纪念馆是1999年在老舍故居基础上建成并对外开放的。老舍故居是1950年初老舍由美国归国后购置的，他在这里生活了16年，写下了新中国成立后的全部作品。1984年老舍故居被公布为北京市文物保护单位。1999年在老舍先生100周年诞辰之际纪念馆正式对外开放。2008年3月，老舍纪念馆免费对外开放。

展览导引

老舍纪念馆是座普通的北京四合院，正门坐西朝东，往里走是个不大的小院，院中两间南房用作门房；往北是一座三合院，这是故居的主体部分。进二门到三合院中，共分3个展厅。东房和西房为第一、二展厅，通过"走进老舍的世界"展览，展示老舍生活与创作的历程。北房被开辟为第三展厅，用作原状陈列。走出展厅，观众能够看到老舍生活过的小院子，院内的两棵柿树是1953年春由老舍夫妇亲手栽种的，家人给这个小院起名"丹柿小院"。

馆藏珍品

老舍婚书： 老舍先生的婚书于1931年由北平市政府社会局印制。从婚书文字中，我们可以看到结婚当事人老舍和胡絜青的出生年月日辰、籍贯和上面开列的他们父母、祖父母、曾祖父母三代的名字。这里的记载是老舍家族追根溯源的唯一根据，同样也是研究社会发展、进步和研究过去社会状态、生活情景的珍贵资料。婚书上书写的所有文字都由老舍先生亲笔完成，这些现在已经成为老舍书法研究的重要资料。

言语声片： 这是世界上较早的多媒体对外汉语教材，见证中西文化交流的珍贵历史资料，保存老舍先生墨迹和声音的重要文物。

相关点评

故居客厅墙上挂着的画名为《归牧图》，是现代著名画家李可染在抗日陪都重庆举办画展时，由老舍购得。1952年求齐白石在此画上题字后，老舍夫妇更加珍视，经常悬挂欣赏。牧童水牛为李可染的经典题材，此作品尤为经典之中的佳作。

故居客厅

北京民俗博物馆

⌂ 北京市朝阳区朝阳门外大街 141 号
☎ 010-65510151
🚌 公交车 101、109、110、112、750 路神路街站下车；地铁 2 号线朝阳门站下车，A 出口向东 500 米可到
🚗 自驾车由东二环朝阳门桥往东经朝阳门外大街可到
🕐 8：30—16：30（周一闭馆）
💴 10 元

老北京人的生活展

总体概述

北京民俗博物馆馆址设在集元、明、清古建群为一体的全国重点文物保护单位——北京东岳庙，是京城唯一国办民俗类博物馆，馆内常年举办老北京民俗风物系列展，每逢春节、端午、中秋等重要传统节日都举办形式多样、丰富多彩的民俗活动。

馆藏珍品

张留孙道行碑：在众多碑石中，最为著名的是元代书法家赵孟頫撰文、书丹并篆额的"张留孙道行碑"，俗称"道教碑"。赵孟頫（1254—1322年），字子昂，号松雪道人，擅长书画。在元初书坛中，赵孟頫提倡尊崇古法，承袭晋唐之风。他的书法具有精于用笔、蕴含骨力、秀逸温润的特征，并影响了有元一代书法的总体风格。"张留孙道行碑"刻于天历二年（1329年），碑高4米，碑文为两面刻，各28行，行60字，共2786字。记述了东岳庙创始人、玄教大宗师张留孙的生平事迹。通篇文字完整清晰，为赵孟頫晚期代表之作，价值极高。

相关点评

东岳庙素以"三多"著称于世，即神像多、碑刻多、楹联匾额多。

神像多：神像最多时达3000余尊，现已恢复千余尊。

碑刻多：原有碑刻160余通，现存近百通。多为民间善会碑刻，记叙了老北京民俗。历史上东岳庙碑石数量首冠京城，许多院落内都立有石碑。因立碑年代不一，其排列次序又不很规整，所以老北京流传着"东岳庙的碑刻数也数不清"的说法。过去，老北京有句顺口溜："机灵鬼儿，透亮碑儿，小精豆子，不吃亏儿"，这句顺口溜的出处就是东岳庙的4块碑石（现存3块）。

楹联匾额多：各殿前均挂有楹联、匾额。代表作为"阳世奸雄，违天害理皆由己；阴司报应，古往今来放过谁"。这些警世醒人的语句，集中体现了东岳信仰惩恶扬善的精髓。

中国传统玩具与游艺展

元·道教碑

北京警察博物馆

- 北京市东城区东交民巷 36 号
- 010-85225018　85225019
- 公交车 41、60 路正义路南口站下车，公交车 8、9、723、729、特 11 路正义路站下车，公交车 2、5、120 路天安门广场东站下车可到
- 自驾车由崇文门东大街向西至前门东大街，右转走正义路再左转走东交民巷可到
- 9：00—16：00（15：30 停止售票，周一闭馆）
- 5 元
- 大中小学生、军人、警察、老年人、残疾人免费（凭有效证件）
- 可在周边停车场停车，警察博物馆无停车条件

开国大典使用的礼炮

工作胸条

手摇电话机

总体概述

北京警察博物馆是由北京市公安局主办的行业性博物馆，2001年7月正式开馆。馆址建筑为美国花旗银行北京分行旧址，现为国家重点文物保护单位。馆藏各类文实物2万余件，展出文实物2000件。展览采取编年史与重大专题相结合的方式，介绍了北京市公安局建局60多年的发展历程，以及中国近、现代警察历史。2002年和2003年，先后被命名为东城区和北京市爱国主义教育基地。

展览导引

北京警察博物馆设有四层展厅。一至四层分别为北京公安史展厅、刑事侦查监所展厅、警种职能展厅和警械装备展厅。

馆藏珍品

开国大典使用的礼炮：一层展厅内摆放着一门由日本"九四式"山炮改装的礼炮。它曾与其他53门礼炮为开国大典鸣放了28响。

保卫开国大典的工作胸条：老民警李宁同志捐赠的工作胸条。1949年，他戴着这个工作胸条在天安门城楼上保卫过毛主席和其他中央首长。

邓小平家驻地警卫组使用的手摇电话机：这部普通的手摇电话机和西城分局地安门派出所的民警忠实地在邓小平同志住地警卫了12年。

相关点评

北京警察博物馆以鲜明的首都特色记叙了北京公安60余年发展历史，再现了"忠诚、为民、公正、廉洁"首都人民警察核心价值观，重现了为保卫首都流血牺牲的公安英烈的悲壮故事和崇高风采，回顾了北京警察与首都人民之间的鱼水情谊，是展示警察文化的平台。

北京王府井古人类文化遗址博物馆

🏠 北京市东城区东方广场 W1P3 北京王府井古人类文化遗址博物馆
☎ 010-85186306
🚌 公交车 1、728、20、120、37、420 路王府井站下车;地铁 1 号线王府井站下车 A 口出可到
🚗 自驾车可将车停放于东方广场停车场
🕙 10:00—16:30(16:00 停止售票)
💴 10 元,中小学生 5 元
✉ 团体观众须提前 3 天电话预约。预约咨询电话:010-85186306 85186307
🔖 持有老年证、士兵证者及学生集体参观免票;持有军官证、残疾证者半价(凭有效证件)

总体概述

1996 年 12 月 28 日,在北京王府井东方广场的施工工地发现远古人类的遗物和遗迹,随即对其进行了抢救性发掘,证明该地是一处重要的旧石器时代晚期考古遗址,遗址面积约为 2000 平方米。

在连续 8 个月的野外工作中,考古工作者在 2000 平方米的遗址上布探方 90 个,探方总面积约

小展厅特色展览

为 1440 平方米。考古工作者发掘了 892 平方米的遗址,从距地表 11 余米深处的河湖相地层中精心清理出 2000 多件遗物,主要有石制品、骨制品、动物骨骼(化石)以及人类用火遗留物。

石制品包括石锤、石砧、石片、石核和加工成型的刮削器、尖状器、雕刻器。动物骨骼(化石)有:原始牛、斑鹿、鸵鸟、鱼类。用火遗迹遗留物有:烧骨、烧石、木炭、灰烬。

北京大学年代学实验室用碳 -14 方法对发掘出土的木炭进行了年代测定,结果表明,古人类在该遗址生活的年代距今为 2.4 万—2.5 万年(±300 年)。

展览导引

博物馆共 300 余平方米,分两个展厅,A 展厅以遗址为中心,通过展板的文字介绍,展柜内实物展示以及两幅大型古人类生活壁画,图文并茂地为观众展示出两万年前祖先

古人类雕塑

大型古人类生活壁画

们的生活场景。B 展厅是特色展厅，每 3 个月更换一次临时展览，展览内容主要以弘扬中国文化、学习科普知识为主要内容，每期展览内容丰富，特色鲜明，适合不同年龄段游客参观学习。

馆藏珍品

文化遗物与遗迹： 在遗址中出土了石制器、骨制品、用火标本和赤铁矿碎块、动物化石等共 2000 多件。这些文物反映了当时人类的加工技术水平，也反映了他们的生产、生活情况及当时的生态环境。现在展出的只是其中具有代表性的一部分。

用火遗迹： 这里发现了丰富的古人用火遗物与遗迹，包括被火烧过的骨头、石块、木炭和灰烬等。用火遗迹的分布具有一定的规律，上文化层有 2 处，下文化层有 4 处。上文化层出土的一些经烧过的石块（片）和骨片可以拼对起来。根据动物化石上的砍砸和切割痕迹，可以拼合的碎骨、石片和烧过的遗物的分布情况推测，当时人们一边制作石器，一边屠宰和肢解猎物，然后围着篝火进行烧烤，品味着收获的快乐。

相关点评

这是在北京地区继周口店之后远古人类遗存的又一重大发现，也是在世界范围内首次在首都中心商业街发现如此久远的古人类遗址。

该遗址遗物是古人类于更新世晚期在该地区生产与生活的真实记录，是研究当时人类的工具制作技术、经济生活方式和适应生存能力，以及复原当时北京地区的生态环境的珍贵资料。

在 300 多平方米的展厅内以取自原地层中的遗址块为中心，陈列原址发掘出土的石器、骨器和其他文物与遗迹，并配以图表和照片，采用壁画、雕塑、电脑触摸屏等形式，向参观者系统而生动地介绍遗址的原貌、古人类的生产与生活景况以及考古发掘过程，使参观者在此触摸原始时代的生活，在舒适、愉悦的气氛中对两万年前先祖的家园进行一次体验与回访。

中国马文化博物馆

🏠 北京市延庆县八达岭镇阳光路 8 号
☎ 010-81182120
🚌 公交车 919 路西拨子站下，换乘出租车至博物馆；公交车 880 路阳光假日别墅站下可到
🚗 自驾车由马甸桥上 G6 京藏高速路至八达岭长城出口离开高速，继续沿 G6 辅路向前行驶，按照阳光假日别墅路牌行驶可到
🕐 夏季：8：30—17：00，冬季：8：30—16：30
🎭 成人 60 元
✉ 团体观众提前 3 日电话预约，预约电话：010-81182120
🏷 学生、老年人半价（凭有效证件）；学生团体、士兵、离休干部免票（凭有效证件）
🅿 在马术俱乐部可免费参观马术训练；骑马需要按时收费

总体概述

中国马文化博物馆位于八达岭长城西侧的阳光山谷马术俱乐部内，是由国家马术协会、马业协会、延庆县人民政府、北京马语者文化艺术研究所共同主办的专题博物馆，是中国第一所，也是亚洲最大的马文化、马艺术、马精神、马历史博物馆。

展览导引

博物馆分为文字史料、雕塑、名人绘画、专业摄影、英式美式、蒙古风俗6大展区，陈列上千件艺术展品。中国养马简史、汉武帝夺汗血宝马等文史内容，让你了解中国马文化的源远流长；以徐悲鸿大师为代表的国内外十几位画马名家的力作让你获得艺术上的享受；世界顶级马术摄影大师的经典作品，将瞬间的精彩凝固成永恒；而马头琴的动人故事、美国西部牛仔拓荒路上的艰辛、英国马术大赛

上的惊险刺激和人马配合的至高境界，让你感受到不同人文背景下浓浓的马文化氛围。

馆藏珍品

东汉陶砖： 东汉时期的一块陶砖，方寸之间，雕塑着清晰的战国时期马拉战车的图案。

汉白玉雕马： 两匹北宋时期、一匹明代的汉白玉雕马，古朴、端庄，工艺精细。

镖车： 展品为明、清时期运送珠宝用的镖车。

相关点评

马文化以反映人马关系为内容，是人类文化的分支，包括人类对马的认识、驯养、使役以及有关马的文艺及体育活动等。我国是世界上养马历史悠久的国家之一，也是马文化比较发达的国家之一。在我国的文化、艺术以及人类的生活、生产和战争中，马都占据了很重要的地位。

东汉·陶砖

汉白玉雕马

镖车

《骏马图》

社会历史类博物馆

Society & History

北京市海淀区博物馆

- 北京市海淀区中关村大街 28-1 号
- 010-51601325　51601326
- 公交车 307、320、332、355、365、386、697、699、681、683、717、718、732、801、808、814、944、运通 105、运通 106、运通 205、特 4、特 6 路，地铁 4 号线、10 号线海淀黄庄站下车可到
- 自驾身车由北三环四通桥往北走中关村大街，行至知春路十字路口东北角可到
- 9：00~16：30（16：15 停止入馆，周一闭馆，国家法定节假日逢周一亦闭馆）
- 免费
- 个人免预约；团体观众提前 3 日电话预约

总体概述

北京市海淀区博物馆是一座地志性综合博物馆，博物馆现有馆藏文物4000余件，分为陶瓷器、金银器、玉器等10多个门类。同时，该馆还不定期地举办国内外各类艺术展览，以满足不同人群的文化需求。

展览导引

北京市海淀区博物馆有两个主要展区：常规陈列为"海淀历史文物展"，从史前至清朝分为9个板块，展出馆藏文物400余件（套）；精品临展展区不定期推出各类精品艺术展览，包括民俗、历史、绘画、摄影等各个门类。

馆藏珍品

明·青花携琴访友图罐：此罐1985年于北京市海淀区白石桥地区出土。罐身绘携琴访友图、弈棋图，并以象征高洁品性的岁寒三友（松、竹、梅）点缀其间，为明成化时期青花瓷器的一件精品。

三国·铜弩机：铜弩机1987年于北京市海淀区八里庄地区出土，整器长13.6厘米，为远程攻击武器。该件弩机为古代兵器研究提供了极为珍贵的实物资料。

唐·牡丹芦雁图壁画：此壁画1991年于北京市海淀区八里庄地区唐王公淑墓出土，为墓葬北壁壁画。壁画长290厘米、高156厘米，如此大幅、完整的花鸟画在晚唐墓葬中是不多见的。

宋·磁州窑白釉黑彩婴戏图枕：此枕1998年于北京植物园院内出土。此带有"张家造"戳记的瓷枕在传世品与出土文物中数量可观，但纹饰多为植物纹、鱼藻纹，如此精致的婴戏纹瓷枕并不多见，实为瓷枕中的一件精品。

宋·钧窑胆式瓶：此瓶1987年于原中国林业科学研究院内一金代墓葬出土。这件具有明显宋代风格的钧窑胆式瓶，胎质细腻，釉色青中透白，白中闪青，造型端庄秀丽，极具审美效果，为宋代钧窑瓷中的一件佳品。

明·青花携琴访友图罐

宋·磁州窑白釉黑彩婴戏图枕

居庸关长城博物馆

- 北京市昌平区南口镇居庸关长城
- 010-69771665
- 公交车883路南口东街站下车后换乘昌68路居庸关长城站下车即到
- 自驾车由G6京藏高速居庸关长城出口可到
- 旺季：4月—10月，8：00—17：00；淡季：11月—次年3月，8：30—16：30
- 博物馆免费；长城景区门票，旺季：成人45元，学生25元；淡季：成人40元，学生22.5元

居庸关城楼

总体概述

居庸关长城博物馆位于著名的居庸关长城景区内。居庸关长城是万里长城的重要组成部分，世界文化遗产、国家4A级旅游风景名胜区。

居庸关，是京北长城沿线上的著名古关城。关城所在的峡谷属太行余脉军都山地，地形极为险要。关城附近自然景观十分壮美，高山耸立，林木葱郁。早在金明昌年间（1190—1195年）"居庸叠翠"之名即已列入"燕山八景"。1982年，居庸关又以其重要的人文和自然景观价值，划入八达岭—十三陵风景名胜保护区，成为其中重要的景点。1992年昌平县十三陵特区办事处为保护文物，对关城建筑进行了全面修复，1998年3月正式对外开放。2004年，经北京市文物局批准，建立居庸关长城博物馆，并在叠翠书院举办有"居庸关长城历史陈列"和"居庸关长城古诗文集锦"。

展览导引

居庸关长城博物馆建筑为典型的北京四合院形制，为明代居庸关的一所学校。通过3个展室、6大部分和室外展出的文物，浓缩和概括了居庸关2000多年的发展历程。从军事文化、历史事件和文物建筑等多个方面系统介绍了居庸关的历史，全面再现了居庸关的繁荣和重要的作用。

相关点评

早在春秋战国时代，燕国就要扼控此口，时称"居庸塞"。汉朝时，居庸关城已颇具规模。南北朝时，关城建筑又与长城连在一起。此后历唐、辽、金、元数朝，居庸峡谷都有关城之设。现存关城始建于明洪武元年（1368年），系大将军徐达、副将军常遇春规划创建，明景泰初年（1450—1454年）及其后又屡经缮治。清末以后，居庸关城建筑逐渐荒废，但雄伟的关城及众多的历史遗迹，却为人们了解中国古代军事文化敞开了一个窗口。

社会历史类博物馆 Society & History

北京宣南文化博物馆

北京市西城区长椿街9号

010-63015413　83167249

公交车10、38、88、477路宣武医院站下车可到，公交车5、6、57、109、381、613、687、715、717、特5路牛街路口西站下车可到；地铁2号线长椿街站C出口，向南500米可到

自驾车由两广大街至牛街路口，往北约500米路东可到

9：00～16：30（16：00停止进馆，周一闭馆）

免费

团体参观讲解提前3日预约

轮椅、拐杖、花镜、放大镜、雨伞、语音导览器（中、英、日三语）免费借用，需押金；急救药品、触摸屏导览设备、影音展示设备免费

有400多年历史的国槐

明·《敕建大祚长椿寺赐紫衣水斋禅师传》石碑

总体概述

北京宣南文化博物馆坐落于明代古刹长椿寺内，以宣南文化为主题，生动地展示宣南地区的悠久历史和丰厚文化积淀。经专家考证，宣南是北京建城和建都的肇始之地。宣南文化被誉为北京文化的源头、缩影与精华。长椿寺始建于明万历二十年（1592年），由明神宗生母孝定李太后为水斋禅师所建，距今已有400多年的历史。2001年北京市政府公布长椿寺为市级文物保护单位，对长椿寺及周边环境予以整治和修复，并将长椿寺辟为北京宣南文化博物馆，于2005年11月30日正式对外开放。

展览导引

北京宣南文化博物馆以宣南文化为主题设有固定展陈"宣南历史文化展览"，共包含9个展厅："悠悠宣南""宣南士乡""先驱足迹""梨园胜景""老天桥娱乐场景模拟""城南乐园""百业兴商""民族团结"和"宣南文化保护开发成果"。

馆藏珍品

《敕建大祚长椿寺赐紫衣水斋禅师传》石碑：该石碑距今已有近400年的历史。石碑于2002年重修长椿寺时从地下出土。碑文由万历年间的工部郎中、明代著名书法家米万钟书写，题额"祖遗硕德"，正文则记述了水斋禅师的传奇故事和长椿寺的来历。

相关点评

北京宣南文化博物馆坐落于明代古刹长椿寺的原址上。这组古建的修复和利用，既保护了文物古迹，又开发了古都的文化资源。参观者可以通过实物和图片，在北京历史的发展和深邃的文化方面获得大量的信息；可以纵向领略到北京3000多年的建城史和800多年的建都史，脉络清晰，一目了然；还可以横向看到京味文化的缩影——丰富多彩的宣南文化，使人们在参观之后感受深切，收获良多。

孔庙和国子监博物馆

⌂ 北京市东城区国子监街 13-15 号
☎ 010-64063352　84011977
🚌 公交车 104、108 路方家胡同站下车可到，公交车 13、116、117 路雍和宫站下车可到；地铁 2 号线或 5 号线雍和宫站下车可到
🚗 自驾车由北二环雍和宫桥往向南直行约 500 米，右转至国子监街向前约 300 米可到
🕐 旺季 5 月 1 日至 10 月 31 日：8：30—17：30；淡季 11 月 1 日至 4 月 30 日：8：30—16：30（全年无休）
¥ 30 元
📋 团体参观咨询电话：010-64063352
🏷 身高不足 1.2 米的儿童、本市老年人、中小学生、残疾人、士兵、离休干部免票；外地老年人、本科及本科以下大学生（不超过 23 岁）、部队学员半价优惠
❗ 收费项目：人工讲解、自助语音导览器租用

孔庙和国子监博物馆鸟瞰图

总体概述

孔庙和国子监博物馆成立于 2008 年 6 月，其前身为孔庙和国子监管理处。该馆主体结构由北京孔庙和国子监两组古建筑群构成，现两处院落均为全国重点文物保护单位、国家 4A 级旅游景区。

北京孔庙是元、明、清三朝皇帝举行国家祭孔的场所。历史上共有 17 位皇帝在此举行过祭孔大典。北京孔庙，始建于元大德六年（1302 年），大德十年（1306 年）建成，占地 2.2 万余平方米，1988 年由国务院公布为第三批全国重点文物保护单位。

北京国子监是元、明、清三代国家设立的最高学府和教育行政管理机构，又称"太学""国学"，始建于元代至元二十四年（1287 年），是唯一保存完整的古代最高学府校址，1961 年由国务院公布为第一批全国重点文物保护单位。

展览导引

孔庙和国子监博物馆目前推出了"大哉孔子展""科举制度展""辟雍、国子监、大成殿复原陈列""古代官德教育展"等十余项展览，精心打造的"大成礼乐"展演、国学大讲堂、国学文化节等文化活动深受各界好评。博物馆还开辟

琉璃牌坊

社会历史类博物馆

Society & History

71

孔庙大成门

国子监辟雍大殿

走进博物馆

北京地区博物馆大全

Museums in Beijing Area

殿为正方形，按古代帝王规制，辟雍共为9间，意寓九州井田合为一宇，故天子讲学位居中央。殿内金砖墁地，上为团龙合玺井口式天花，中间无柱，抹角架梁，既宽敞华贵又结构巧妙。

相关点评

北京孔庙和国子监是中国传统文化的重要传承之地，其文化内涵丰富、潜力资源深厚、发展前景广阔。孔庙和国子监博物馆总占地面积5万平方米，殿宇、亭台、碑林、牌楼、厅堂等文物建筑约2万平方米，多为木结构，为苍松翠柏所掩映。自2005年开始，经过近3年大规模修缮，孔庙和国子监基本恢复了清末时期的基本规制和格局。如今的北京孔庙和国子监已成为北京历史文化名城的标志性建筑，其文物古建的价值堪与紫禁城媲美，是不可多得的文化旅游资源。

了700多平方米的艺术展厅，不定期举办各类文化展览活动。主要景点有进士题名碑、大成殿、清代皇帝御笔匾额、乾隆石经、辟雍等。

馆藏珍品

辟雍大殿：是唯一一座专供皇帝讲学而用的宫殿，是清乾隆皇帝为登基50年"临雍讲学"（1785年）而建。辟雍修建于乾隆四十八年（1783年），四十九年（1784年）竣工。辟雍大殿为重檐四角攒尖木构建筑，坐落在圜水中央的石基上，屋面全部覆盖黄色琉璃瓦，4条屋脊向上汇集于鎏金宝顶，金光闪闪，气势恢宏。"辟"通"璧"，像圆形的玉璧，辟雍为天子之学，行礼乐、宣德化之地，圜水围绕形如圆璧，效法天圆；大殿四面通透，每面面阔3间12隔扇，每间4扇，嵌镶在4根金柱之中。建筑外周建有檐廊，红色檐柱、廊柱多达数十根。辟雍大殿四面环水，水上东南西北各建一座汉白玉石梁桥通达四方。俯瞰辟雍，浑成"天圆地方"之形。大

大成礼乐

72

北京晋商博物馆

🏠 北京市朝阳区建国路 58 号
☎ 010-65581268
🚌 公交车运通 121、312、468、628、581、649 路陈家林站下车可到；地铁 1 号线或八通线四惠站下车往东 1000 米到
🚗 自驾车由四惠桥走京通快速路往东第一个出口离开，沿建国路行驶约 300 米路南可到
🕐 9：00—17：00（16：00 停止入馆），周一闭馆
¥ 50 元
📧 团体观众提前预约，可享受优惠价；预约咨询电话：010-65581268；零散观众现场购票
SALE 持残疾证、老年证及军官证可免票参观，学生半价
❗ 收费项目：语音导览器租用

会议大厅

贵宾厅

博物馆、高端商务会馆、低密度生态办公及高端水景商业于一体的高级综合性文化产业园区。

展览导引

北京晋商博物馆"风云晋商"基本陈列分为4个部分。第一部分："商海骄子"。抓住机遇在明初崛起的晋商，搏击于商海发展壮大一路走来。晋商旅蒙贸易，经商东瀛，垄断中俄边贸200年，业绩至今为人们津津乐道，传颂不衰。第二部分："金融巨擘"。清代道光年间，晋商创立了经营金融汇兑业的票号，开创了中国旧式金融业一个新的里程碑，执中国金融业之牛耳，海内外闻名，票号集中的山西太谷被称为"中国的华尔街"。第三部分："华夏商魂"。晋商精明而心存仁德，节俭而不失仗义，危局时可见忠心。晋商的经营意识、组织管理与心智素养，闪烁着中华传统思想的精粹。第四部

总体概述

北京晋商博物馆是全国最大的关于商人和商业的博物馆，由山西阳泉远鑫集团投资创办，位于北京长安街东延长线建国路58号，占地4万余平方米，为仿古建筑群落。博物馆始终秉承"传承晋商文明，弘扬晋商精神"的经营宗旨，以"收藏保管、科学研究、宣传教育、服务社会"为发展目标，厚积薄发，开拓创新，致力于打造集北京晋商

社会历史类博物馆

Society & History

分："晋商家园"。当年晋商用经商财富建起的一所所深宅大院和商业会馆，见证了晋商奋斗轨迹和历史辉煌的同时，也为今人留下一座座民族建筑文化的经典之作。

馆藏珍品

清·乾隆年间的乔家"青云得路"牌匾：该匾主人乔全义，为乔致庸的二伯父。乔全义在16岁之时中秀才，亲朋好友赠予此匾，希望其"平步青云，前程似锦"。

清·榆次常家独慎玉俄国组照：拍摄于清光绪年间，是榆次常家开设于莫斯科的独慎玉茶庄的场景。

清·灵邑德顺号钞版套章：清光绪年间制，这是目前收集最为完整的私钞印版，包括印版2块和套装9枚。

相关点评

晋商文化最有影响的是什么？有钱出钱、有力出力，出钱的为东家，出力的为伙计。劳资双方共创盈利的一种制度，是把投资家的物化劳动和伙计的活劳动结合在一个产权制度之中，把资本所有者和劳动者的物质利益凝固在一起，将资本所有者和劳动者的利益通过人身股这种股份制度实现了很好的结合，

共同享受契约新创造的价值，可以说是晋商的资本论，是晋商区别于其他十大商帮的最根本的差异。晋商企业人身股的部分，很多

都是总数超过了资本家银股的部分。大掌柜在伙计入行的时候就有这个意识，营造出一种归属感，一辈子忠心耿耿地为企业效力。

礼品部

展厅

北京晋商博物馆外景

北京李大钊故居

⌂ 北京市西城区文华胡同 24 号
☎ 010-66011512
🚌 公交车 7、10、38、47、88、477 路新文化街西口下车可到，公交车 10、15、37、88 路民族文化宫站下车可到；地铁 1 号线复兴门站或西单站下车可到；地铁 2 号线复兴门站或长椿街站下车可到
🚗 自驾车由西二环复兴门桥往东，经复兴门内大街、文昌胡同、文华胡同可到
🕐 9：00—16：30（16：00 停止入馆，周一、周二闭馆）
¥ 10 元
🏷 全日制大、中、专院校（不含成人教育）在校学生半价（凭有效证件）；身高不足 1.2 米的儿童、中小学生、军人、60 岁以上老年人、残疾人免费（凭有效证件）
ⓘ 收费项目：语音导览器租用

总体概述

北京是李大钊的第二故乡，他在不满38年的一生中，有10年在北京度过。故居于2007年4月28日李大钊同志英勇就义80周年之际向广大公众开放。李大钊故居由故居原状陈列展览和"李大钊1920—1924"专题展览组成，是一处纪念性的博物馆。

展览导引

李大钊故居分南北两个院落，北院为一个三合院，现为"故居原状陈列"。院内北房3间，东、西耳房各2间，东、西厢房各3间，共计13间房。南院现为"李大钊1920—1924"专题展厅。这里选取李大钊1920年春至1924年1月的工作、生活片断，分为"传播马克思主义""创建中国共产党""促成第一次国共合作""精神永存光照千秋"4个部分重点介绍李大钊传播马克思主义、创建中国共产党、促成第一次国共合作等一系列革命实践活动，再现伟人当年的风采，展现他伟大的人格魅力。

馆藏珍品

《史学要论》：李大钊史学代表作。该书在1964年编纂《李大钊选集》时尚未发现，故失收。1998年编纂《李大钊全集》时，秦杰先生慷慨捐出，受到李大钊之子、原央行行长李葆华同志的赞扬，亲笔写下"珍贵文物"四字并签名留念。

相关点评

李大钊（1889—1927年），字守常，1889年10月29日出生于河北省乐亭县大黑坨村，是中国共产主义运动的先驱、伟大的马克思主义者、杰出的无产阶级革命家、中国共产党的主要创始人之一。北京李大钊故居是李大钊传播马克思主义、创建中国共产党、领导北方工人运动、促成第一次国共合作等一系列革命实践活动最具代表性的历史见证，在党的历史上有着重要的历史地位和文物价值。

堂屋外景

社会历史类博物馆

Society & History

历代帝王庙

🏠 北京市西城区阜成门内大街 131 号
☎ 010-66517739　66120186
🚍 公交车 7、13、42、47、101、102、103、409、603、604、612、614、619、623、685 路白塔寺站下车可到
🚗 自驾车由西二环阜成门桥往东约 900 米可到
🕐 9：00~16：00（周一、周二闭馆）
💰 20 元
🎫 学生 10 元；军人、社会保障金领取人员等票价 10 元；义务兵、60 岁以上老年人、1.2 米以下儿童、革命伤残军人、残疾人员（凭有效证件）以及未成年人团体（10 人以上）均免票

总体概述

历代帝王庙始建于明朝嘉靖九年(1530年)，距今已有480多年历史。它是明、清两朝祭祀三皇五帝、历代帝王和文臣武将的皇家庙宇，1996年被国务院公布为全国重点文物保护单位。2004年4月正式对外开放。历代帝王庙博物馆是专门展示、研究、发掘、传播有关历代帝王庙深厚的历史文化内涵和科学艺术价值的专业博物馆。

展览导引

历代帝王庙由南至北依次为影壁、下马碑、庙门、景德崇圣门、景德崇圣殿、大祭器库，形成了整体建筑的中轴线。庙门的东侧有一座钟楼，景德崇圣大殿的两侧有东西配殿、四座御碑亭和两座燎炉。

景德崇圣门外西小院内有乐舞执事房、典守房、斋宿房等建筑，此外，还有有"庙中庙"之称的关帝庙。在关帝庙中，设有"关公文化展"。景德崇圣门外东小院有神厨、神库、宰牲亭、井亭等建筑。在神厨、神库展厅中分别展出"三皇五帝与百家姓——寻根问祖""三皇五帝与百家姓——交融传薪"两个展览。

馆藏珍品

景德崇圣殿：是整个建筑群的中心，位于景德崇圣门正北，坐北朝南。景德崇圣大殿内展出的是"景德崇圣殿原状陈列展"，按照清乾隆时期大殿陈设的原状进行了复

原。正殿神龛共设有7龛，分为14室，崇祀188位历代帝王牌位，每位帝王的神位按朝代分列各龛内。

相关点评

景德崇圣殿内的原状陈列，是在研究历代帝王庙祭祀制度、礼仪、沿革等历史文化内涵的基础上，以科学的方法对殿内的神龛与神牌、祭案与祭器、匾额与楹联等原状进行的恢复，深入挖掘了文物建筑的历史文化内涵。

景德崇圣殿

延庆博物馆

🏠 北京市延庆县城妫水北街 24 号
📞 010-69143788
🚌 公交车 919 路延庆东关站下车，向北直行 1000 米可到
🚗 自驾车由 G6 京藏高速向北行至延庆城区出口离开，再经 S 216 国道往北，经妫水南街、妫水北街可到
🕐 8：30—11：30，13：30—17：00（16：30 停止入馆，周一、周二闭馆）
💰 免费
✉ 团体观众须提前 3 日电话预约，预约咨询电话：010-69143788-12 或 13；零散观众现场领票

延庆近现代历史陈列

总体概述

延庆博物馆位于延庆县文化中心建筑群的最南端，建筑面积达 6100 平方米，展厅面积达 2400 余平方米，于 2008 年 9 月对外开放，是延庆地区唯一一座综合性博物馆，也是北京地区规模大、功能全的县级博物馆。延庆博物馆以延庆县文物管理所历年保藏、征集和延庆地区出土文物为基本素材，吸收北京历史、文物、考古及相关学科的最新研究成果，借鉴国内外博物馆的成功经验，形成独具延庆特色的现代化展陈。

展览导引

延庆博物馆展厅主要分布在一层至三层。进入博物馆首先是 100 平方米的序厅，楼梯间部分是一个高大的 110 平方米的中空共享空间，山川地貌的模型设置在此处的玻璃地台之下，两侧反映的是延庆在历史上作为军事屏障和今日作为生态屏障的大型浮雕。一层的"延庆社会主义建设成就展"以大量图片和翔实的文字，展示了延庆在社会主义革命建设、改革开放中的历史巨变和城市发展中的卓越成就。二层分布两个展厅，"延庆历史文化陈列"展厅主展线在展厅四壁展示，以文物为载体，使用情景沙盘、通体展柜和独立展柜相结合的形式展示延庆整个古代历史发展进程。"延庆近现代史陈列"展厅展示了 1840 年后延庆地区的抗战史。三层为民俗展厅，介绍了妫川风情中衣食住行、农耕生产、民间工艺美术、民间艺术和婚嫁等主题板块。

馆藏珍品

毗卢遮那佛：延庆博物馆馆藏的毗卢遮那佛铸工精良，体形硕大，通高 2.1 米，重达 1.2 吨。该造像头为螺发高肉髻，头戴五叶宝冠，面如满月，额上眉间饰白毫，下颌方圆带弯月，凤目高鼻，双唇宽厚，具有显著的明代造像的特点。

民俗洞房家具

77

中国人民大学博物馆

🏠 北京市海淀区中关村大街 59 号中国人民大学
📞 010-62515691
🚌 公交车 717、697、814、320、808、332、653、944、26、361、特 4、特 6、运通 105、运通 106、运通205 路人民大学站下车可到；地铁 4 号线人民大学站或 10 号线苏州街站，C 口出站前行 800 米可到
🚗 自驾车由北二环四通桥往北路西可到
🎫 免费

总体概述

中国人民大学博物馆现有校史展、"北国春秋——北方民族文物展"、家书展、沈鹏书法展、股票展、徽州文书展、西域文书展等 7 个常设展览。

展览导引

"北国春秋——北方

辽·白釉穿带瓶

辽·银丝网格木围棋盘、瓷棋子

民族文物展"分为 8 个单元，重在反映北方民族与中原王朝数千年来风云际会的历史画面，以折射出中华民族多元一体格局形成的历史进程。人大校史展以丰富翔实的图片、文字资料为基础，配合部分实物展品，系统地再现了中国人民大学从最初的陕北公学一直到当前作为人文社会科学领域一面旗帜的综合性大学的发展过程，展示了中国人民大学的主要建设成果以及与党和国家同呼吸、共命运，始终奋进在时代前列的精神品质。沈鹏书法展展出沈鹏先生近年创作的书法艺术精品 30 余件，共计350 余平尺。

馆藏珍品

辽·白釉穿带瓶：典型的契丹民族器物，造型端正优美，整体线条圆润流畅，应为辽代上层社会的日常生活用品，是辽代瓷器中不可多得的精品。

辽·银丝网格木围棋盘、瓷棋子：棋盘和棋子均保存完好，整体造型端庄古雅而又不失风趣活泼，是反映辽代社会生活的精品。

陈独秀、钱玄同等致胡适信札：共计 13 通，涉及陈独秀、李大钊、胡适、钱玄同等新文化运动时期的重要人物，所反映内容填补了新文化运动和近现代史研究文献的一些空白，具有非常重要的史料价值。

相关点评

中国人民大学博物馆的发展虽然刚刚起步，但已具备了收藏、研究和教育三大国际公认的博物馆基本功能，目标是要建设一座全球视野的，包含多种学科门类，服务于大学，服务于社会，具有较强实力和较大影响，有特色的综合性的大学博物馆。

北京新文化运动纪念馆

- 北京市东城区五四大街 29 号
- 010-66128596
- 公交车 2、60、101、103、109、111、609、614、619、685 路沙滩站下车可到
- 自驾车由东二环朝阳门桥往西，经朝阳门内大街、东四西大街、五四大街可到
- 9:00—16:00（15:30 停止入馆，周一闭馆）
- 免费
- 团体观众须提前一周预约，预约电话：010-66128596；零散观众现场领票（凭有效证件）

北大红楼

图书馆主任室旧址

新潮杂志社旧址

总体概述

北京新文化运动纪念馆是依托北京大学旧址红楼建立的全国唯一一家全面展示五四新文化运动历史的专题性博物馆。红楼建成于1918年，北大红楼是新文化运动的主阵地，是五四爱国运动的策源地，是中国共产党早期组织活动的重要场所，2002年4月正式对外开放，包括新文化运动陈列及红楼部分旧址复原陈列。

展览导引

红楼前院西侧平房开放"新时代的先声——新文化运动陈列"，红楼一层现有蔡元培、陈独秀专题陈列；同时复原有图书馆主任室（李大钊办公室）、第二阅览室（毛泽东工作的地方）、新潮杂志社、学生大教室、登录室和第十四书库旧址，全方位地介绍五四新文化运动的历史。纪念馆还开设了《红楼往事》专题片放映厅。

馆藏珍品

胡适题赠钱玄同的《尝试集》初版：这是中国现代文学史上的第一部白话诗集，开新文学运动之风气，作者胡适为新文化运动的重要领袖之一。钱玄同亦为新文化运动的积极倡导者。

李大钊致李泰棻函：李泰棻，著名史学家，曾任北京大学教授，为李大钊挚友。该信用钢笔写就，据推测写于1917年7月初的上海，内容包括对学术及时政的讨论。

蔡元培手书刘半农墓铭文：刘半农曾在北京大学任教，是新文化运动的倡导者，1934年英年早逝。此篇墓铭文为蔡元培用毛笔撰写，700余字，写在两页"心太平盦稿"纸上。

相关点评

20世纪初，文学革命作为五四新文化运动重要组成部分得以迅猛发展。以现实主义为基调的白话文运动，深刻地反映了人文理念和社会现实，掀开了中国现代精神史的崭新一页。

社会历史类博物馆
Society & History

北京怀柔喇叭沟门满族民俗博物馆

- 北京市怀柔区喇叭沟门满族乡喇叭沟门村2号
- 010-60623435　60623103
- 公交车916路到怀柔汽车站下车，换乘936路到汤河口下车，再换乘936（区间）到喇叭沟门下车
- 自驾车由京承高速往北至宽沟出口离开，进入北台路，再经S308，至石厂环岛进入南华大街，经怀柔城区进入G111、X018、X107可到
- 8：30—11：30，13：00—17：00
- 免费

总体概述

北京怀柔喇叭沟门满族民俗博物馆始建于2003年6月，2008年扩建了喇叭沟门乡书画艺苑，2008年10月竣工开馆。该博物馆依山而建，沿袭了清朝王爷府的建筑风格，傲然中尽显威严庄重的王府风范。

展览导引

整个博物馆分为两大部分，第一部分是清朝文化陈列馆，全馆共有7大展室，收藏了自汉代以来的各种珍品950多件，其中满族民间实物500多件，主要从民间征集而来，另有235件为皇侄爱新觉罗·毓岚先生捐赠。馆内展示了几十位著名书画家作品120余幅，更有满族知名人士热心民族文化事业，将自己收藏多年的藏品捐赠于此。陈列馆设有：赵书藏品展室，舒乙艺术展室，爱新觉罗·毓岚藏品展室，民进北京市委、北京民族联谊会、北京文史研究馆书画作品展室，满族名人展室，满族民居展室等。第二部分为喇叭沟门满族书画艺苑，内设书画艺苑、文艺演出厅、数字影院等。

馆藏珍品

满族万字炕： 满族人睡的炕称"万字炕"，或称"转圈炕""拐子炕""蔓枝炕"等。满语称"土瓦"。满族的火炕有自己的特点。环室为炕。卧室内南北走起通炕，西边砌一窄炕，与南、北炕相连，构成了"冗"形。传统上有"西炕为大"的习俗。西墙为供奉家中"祖宗板"（祭祀神位）之处，因此，西炕也称为"佛爷炕"，西墙上供奉的佛爷匣子是极为神圣的，一般人不能随便看。

满族万字炕

扇车： 又称风车、风扇车，是谷物加工中最重要的工具，用于脱粒成谷、脱壳成米。该扇车是从民间征集而得。

扇车

相关点评

喇叭沟门满族乡距北京城区150千米，有首都北大门之称，有15个行政村，46个自然村，其中满族村10个。该乡保留和沿袭了大部分满族民间习俗，重点建设了以原始森林、温泉等自然资源为主，挖掘满族文化、重塑满族风情为辅的旅游重点工程。

中国妇女儿童博物馆

🏠 北京市东城区北极阁路 9 号
☎ 010-65269678
🚌 公交车 1、52、728、802、37、39、59、10、20、111、108、684、106、116、110 路东单站下车，全国妇联大楼北侧可到；地铁 1、5 号线东单站下车可到
🚗 自驾车沿长安街由东向西行至北京站口右转，第一个红绿灯路口左转直行可到
🕐 9：00—17：00（15：30 停止发售参观票，16：00 停止入馆），周一闭馆
💰 免费
✉ 零散观众可通过电话、网络（ccwm.china.com.cn）和现场三种方式进行预约，或现场领票参观。预约至少提前 1 日进行，可预定 7 日内参观时段。团体观众须提前 3 日通过电话或现场预约，提前或当天领票；预约咨询电话：010-65269678

博物馆外观

总体概述

中国妇女儿童博物馆是以妇女儿童为主题的博物馆，以收藏、展示和研究妇女儿童类文物，促进妇女儿童事业发展，为广大妇女儿童和社会公众服务为主旨。

博物馆常设展览分为妇女和儿童两大主题，共6个基本陈列和5个专题展览；涉及书画、服饰、织绣、陶器、瓷器、铜器、玉器、金银器、玩具等多个门类，涵盖了自旧石器时代以来的各个历史阶段，反映中国妇女儿童生产生活、近现代中国妇女在民族独立与人民解放的伟大历程中作出的杰出贡献、新中国妇女儿童事业发展成就以及中外妇女儿童文化交流方面的内容。此外，还常年举办各类临时展览。

展览导引

博物馆主体建筑为6层，一层设有大堂、临展厅、多功能报告厅、音像厅等；二至六层设有11个展馆，其中二至三层为儿童主题展，包括古代、近代、当代儿童馆和儿童玩具馆、体验馆等；四至六层为妇女主题展，包括古代、近代、当代妇女馆和国际友谊馆、女性服饰馆、女性艺术馆等。

馆藏珍品

《富贵白头》： 1928年，鲁文，浙江永嘉人，字雪湘，别号纤纤女史，又号彤华馆女史，中国女子书画会成员。鲁文从师汪如渊，尤工花卉虫鱼，曾名动东瀛，与张光、蔡笑秋被人合称汪氏"同门三闺秀"。

《富贵白头》

社会历史类博物馆

Society & History

《仕女》

《仕女》：1959年，陈小翠，浙江杭县人，字翠娜，号翠俊、翠吟楼主，中国女子书画会成员，鸳鸯蝴蝶派文人陈蝶仙之女。陈小翠擅画工笔仕女，风格清雅俊逸，用笔细挺，设色清丽，饶有风致。其字俊秀挺拔，亦善诗词，是近代少有的女诗人，著有《翠楼吟草》，时人称之"全才女艺人"，在中国近

明·青花童子坐像

清·三锭纺车

清·汉族石青缎三蓝绣花蝶纹女褂

现代女书画家中是非常突出的一位。

明·青花童子坐像：连生贵子是民俗文化中常见的儿童造像题材。此造像呈坐姿，一腿盘坐，一腿微立屈，喜笑颜开，憨态可掬。其左手持莲叶，右手持笙，谐音寓意连生贵子。

清·三锭纺车：此系汉族三锭脚踏纺车，为元代黄道婆所改进，显著提高了纺织生产效率，是松江布"衣被天下"的坚实基础。该纺车形制华丽，榉木雕花，车背之拱形腿以整块木料制成，车身和轮毂上雕刻有精致的图案，以花卉、人物和凤首为主，其锭系用铁锭。

清·汉族石青缎三蓝绣花蝶纹女褂：清代织绣工艺日趋完善，女性服饰上的刺绣十分精美。这件石青缎底对襟女褂，饰以三蓝绣牡丹纹样，凸显女性的端庄、娴静；领、襟、袖口及衣摆镶绣山水花草、庭院栏杆以及清代女性人物形象，真实展现了女性日常生活的内容。

西藏文化博物馆

⌂ 北京市朝阳区北四环东路 131 号
☎ 010-64921673　64974613
🚌 公交车 406、408、419、479、656、658、660、689、运通 110、运通 113 路至安慧桥东站可到；地铁 5号线至惠新西街北口可到
🚗 自驾车由惠新东桥往西进入北四环东路辅路行驶约 750 米可到
🕐 9：00—16：30（每周二、四、六开馆）
💴 免费
✉ 团体观众须提前 3 日电话预约，提前领票（预约咨询／换票处电话：010-64974613　64935128）；零散观众现场领票

总体概述

中国藏学研究中心西藏文化博物馆是以展示西藏民族文化，颂扬民族团结、国家统一为主旨的国家级民族博物馆。西藏文化博物馆展览面积约3200平方米，基本陈列面积2300平方米，2010年3月28日正式开馆。基本陈列展览"雪域宝鉴——见证西藏历史、弘扬藏族文化"以西藏历史和文化两大主题叙述了西藏自史前至21世纪悠久的历史和灿烂的文化。展览共展出实物近千件，包括出土文物、绘画、历史文献、档案、木简、钱币、民俗用品等7个门类。

展览导引

第一主题讲述了历代中央政府与西藏地方政府的隶属关系，用史实说明西藏自古以来就是中国领土不可分割的一部分。西藏自1951年和平解放以来，经济取得了跨越式发展，社会文明程度大幅提升，各族人民生活状况得到根本改善。第二部分通过文献资料、藏医使用的医疗器械、金铜佛造像以及西藏游牧生活和农耕生活场景，生动再现了西藏文化的独特魅力。

历史印证

相关点评

西藏文化博物馆的展览思想性、学术性、艺术性并存，对西藏历史文化保护、宣传的力度很大，实现了西藏文化博物馆作为外宣工作窗口、西藏历史文化和社会发展展示中心及文化遗产保护基地的社会功能。

雪域风情

宗教艺术

社会历史类博物馆

Society & History

游牧农耕文化

北京奥运博物馆

🏠 北京市朝阳区北四环中路奥林匹克中心区国家体育场正南门
☎ 010-84980271
🚌 公交车82、538、61路到总站国家体育场东（鸟巢）站下车，从2号安检口进入奥林匹克公园中心区，步行约500米可到；地铁8号线奥体中心站下车，从3号安检口进入奥林匹克公园中心区，步行约300米到国家体育场正南门
🚗 自驾车由北四环安慧桥往西行500米路北可到
💴 免费
❗ 展馆暂未开放

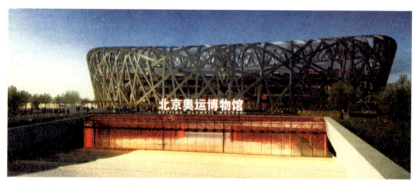

北京奥运博物馆

总体概述

北京奥运博物馆是由北京市政府委托北京市文物局筹建的官方唯一以奥运为主题的永久性专题博物馆。博物馆始建于2008年，后因场馆更址，现建于北京奥林匹克中心区国家体育场（鸟巢）南侧地下零层和负一层。国家体育场作为2008年北京奥运会的主体育场，举行了奥运会、残奥会开闭幕式、田径比赛及足球比赛决赛。奥运会后这里成为北京市民广泛参与体育活动及享受体育娱乐的大型专业场所，并成为地标性的体育建筑和奥运遗产，有极为重要的纪念意义。博物馆占地总面积2.6万平方米，其中展览面积占2万平方米（展线长约1500米），集中展示了北京申办、筹办和举办奥运的整个历史过程和辉煌成就。现在博物馆尚未对公众开放。

展览导引

北京奥运博物馆共分两层，固定展览设置在地下一层，由5个部分组成。

第一部分"百年奥运中华圆梦"，讲述从旧中国体育事业发展到新中国成立后的体育成就；从亚运会的成功举办到两次艰辛的申奥历程，最终取得2008年第29届奥林匹克运动会的主办权，全国人民欢呼雀跃，庆祝申奥成功。

第二部分"科学发展统领筹办"，解析了筹办奥运的7年历程，贯穿奥运"三大"理念，突出表现蓝图规划、场馆建设、城市基础设施建设、大众参与、赛前保障和圣火传递等内容。

第三部分"无与伦比世界同欢"，集中展示了奥运会仪式和赛事。该展区是博物馆中文物最集中的区域，以突出开、闭幕

北京奥运会开幕式演出道具

式盛典，精彩赛事，赛会服务保障等内容。

第四部分"两个奥运同样精彩"，集中反映北京残奥会的独特展区。展示中国残疾人体育事业辉煌成就、北京残奥会的筹备历程及残奥会开、闭幕式等内容。

第五部分"奥运之城世界之城"，作为最后的展区，力图使观众感受到北京奥运会、残奥会给北京这座美丽城市带来的新契机。在这里更多地通过奥运的物质和精神遗产反映对北京城市发展进程的推进作用。

馆藏珍品

北京奥运会相关物品：目前，北京奥运博物馆收藏了北京奥运会上优秀运动员的相关物品，如：男子击剑冠军仲满的练习剑，女子体操高低杠冠军何可欣的金牌等，以及开、闭幕式上多种演出服装道具，如：奥运"缶"、运动员入场的踩踏大画等。另外，还包括圣火传递中，胡锦涛同志递给刘翔的第一棒北京奥运会火炬。除此之外，还收入与北京奥运会相关的其他藏品，共计8万余件套，奥运图片2万余张，奥运会相关视频400余段，展品征集工作仍然在进行中。

相关点评

在博物馆一层设有两个特装区。一个是主题表演空间，作为博物馆的鸿篇开局，也是业界首创的主题表演空间，即"序厅"。"序厅"灵感取自奥运开幕式中的"活字模"长卷，通过"字模表演+弧幕影像"的新颖方式，使观众在参观之始即受到强烈的震撼。弧幕影像的内容为时长5分钟的主题数字影片《世界一家》。另一个是反映北京奥运会开幕式盛况的特装展示区。地下一层固定展览出口处设有可满足105人同时观影的3D影院，播放反映与北京奥运会、残奥会相关的纪录片。

北京残奥会双人龙骨艇

北京奥运会开幕式缶阵

让我们一起走进　博物馆

自然科学类

博物馆

Science & Technology

中国地质博物馆

- 北京市西城区西四羊肉胡同 15 号（阜内大街东端南侧）
- 010-66557858
- 公交车 13、22、38、42、83、88、101、102、103、105、109、124、409、603、604、608、612、614、619、623、626、685、690 路西四站下；地铁 4 号线西四站下，D 口出可到
- 位于西四十字路口西南角，自驾车注意西四大街南北向禁止左转，南向来车提前从西安门大街绕行西四东大街
- 9:00—16:30（16:00 停止售票，周一闭馆）
- 30 元
- 团体观众（30 人及以上）20 元（讲解 50 元 / 位，须提前预约）
- 认识地震带来的危害，辨认水晶球等（免费）

总体概述

中国地质博物馆创建于 1916 年，是国内建馆最早的博物馆之一，以历史悠久、典藏量大、珍品率高、陈列精美、科研成果丰硕称雄于亚洲同类博物馆。全馆建筑面积 1.1 万平方米，展览面积 4500 平方米，馆藏标本 20 万件，是亚洲规模最大的地质学博物馆。在馆藏标本如矿物、岩石、宝石、化石精品中，巨型山东龙、中华龙鸟、巨型萤石方解石晶簇、水晶王等珍藏蜚声海内外。

展览导引

馆内设有地球厅、矿物岩石厅、宝石厅、史前生物厅、国土资源厅和两个临时展厅，展厅内千姿百态的矿物晶体、宝玉石精品、古生物化石美不胜收，其中"岩石矿物宝石陈列"荣获第六届全国博物馆十大陈列展览"精品奖"，另有两个临时展厅，追踪地质学热点问题，随时更新展览内容。

馆藏珍品

水晶王：1958 年发现于江苏省东海县房山乡柘塘村的巨型水晶单晶体，高 1.7 米，重达 3.5 吨，是当时世界上发现的最大的水晶单晶体，被誉为"水晶王"。该水晶晶体纯净度高，透明度好，外形美观，展出后一直深受观众喜爱，是中国地质博物馆的镇馆之宝。

相关点评

中国地质博物馆是国家 3A 级景区，是集科学普及、社会教育、标本收藏、科学研究及休闲游览等功能于一体的现代化综合性博物馆。陈列内容关注人类的生存环境和生存质量，而且大量采用数字化、仿生、虚拟现实等技术，为观众营造了精彩神奇的地质科学世界。

水晶王

美妙的地下世界——实景再现的碳酸盐岩岩溶景观

中国农业博物馆

🏠 北京市朝阳区东三环北路 16 号
☎ 010-65096067
🚌 公交车 31、43、113、115、117、300、特 3、特 8、运通 107 路农展馆、团结湖、团结湖北口、亮马桥站下；地铁 10 号线到农展馆站下
🚗 自驾车东三环农展桥出发，向东行驶 160 米可到
🕐 9：00～16：30（周一闭馆，除夕至正月初六闭馆）
💰 免费
❗ 学生团体免费讲解，其他团体收费

劳作俑

总体概述

中国农业博物馆是国内唯一的国家级农业专业博物馆，隶属于国家农业部。馆藏文物以历代农业文物、传统农具为主，另有农作物及畜禽标本、陶器、剪纸、传统农民画等古今涉农收藏品。

展览导引

目前馆内拥有一个"中华农业文明"基本陈列和"彩陶中的远古农业""中国土壤标本""中国传统农具""青少年农业科普"4 个专题陈列，拥有近万平方米的室外展园；传统农事园和现代农事园；采用先进多媒体技术制作的三幕影院常年播放国家非物质文化遗产保护项目《农历二十四节气》和《水的世界》原创影视节目。

馆藏珍品

劳作俑： 高 74 厘米，四川彭山出土。汉代豪强地主将宗人、依附农民等组织成私兵，平时从事生产，战时打仗，亦兵亦农。劳作俑就是这一形象的真实反映。

青铜锸： 长 17 厘米，宽 10 厘米，商代，湖北省随州出土，最早见于商代中期，西周和春秋时代一直沿用。

青铜簋： 高 32.2 厘米，口径 18.8 厘米，西周晚期，随州何店出土。簋是古代盛放饭食的器具，商周时演变为重要的青铜礼器。

相关点评

农业博物馆以农具为主线展示了近万年的中国农业发展史。重要展品有犁，包括原始社会的石犁、春秋战国铁犁、汉代直辕犁和唐代曲辕犁，反映了耕犁的发展过程。犁与耙、耱（二者均是碎土工具）配合形成了先耕后耙再耱的北方旱地耕作体系。南方水田则在宋元时期出现了耖（碎土工具），形成了先耕后耙再耖的南方水田耕作体系。耧，汉代发明，将开沟、播种两项作业合一，提高了工效，是播种器具的重大革新。翻车、灌溉机具，东汉时发明，通过手摇曲柄转动链板汲水到田中，唐代发展为脚踏，提高了汲水效率。筒车，唐代发明，是以水流为动力的自动提水机械。宋元时期又发明了畜力筒车，解决了水低田高的灌溉问题。此外馆内还展有镢、铲、锄等各种农具。这些农具的使用，加之其他耕作措施，形成了以精耕细作作为特色的中国传统农业。

自然科学类博物馆

Science & Technology

89

中国古动物馆

- 北京市西城区西直门外大街 142 号
- 010-88369280
- 公交车 27、87、102、103、105、107、111、347、360、362、608、614、632、714、732、运通 104、运通 105、运通 106 路至动物园或白石桥站可到;地铁 4 号线动物园站可到
- 自驾车从西二环官园桥出发,朝西沿车公庄大街行驶约 2000 米后转进入三里河路,沿三里河路向前 700 米即到
- 9:00～16:30(16:00 停止售票,周一闭馆)
- 20 元
- 学生、老年人、军人半价(凭有效证件);1.2 米以下儿童、残疾人免费;团体 100 人以上有优惠,须提前预约
- 恐龙拼图游戏、知识问答(免费)

走进博物馆

北京地区博物馆大全 Museums in Beijing Area

总体概述

中国古动物馆(简称 PMC)是中国科学院古脊椎动物与古人类研究所创建的中国第一家以古生物化石为载体,系统普及古生物学、古生态学、古人类学及进化论知识的国家级自然科学类专题博物馆,也是全国青少年科技教育基地、全国科普教育基地、北京市青少年教育基地、中国古生物学会科普教育基地和中央国家机关思想教育基地,1995 年 12 月正式对公众开放。

展览导引

按照生物的演化序列,中国古动物馆分为古脊椎动物馆和树华古人类馆两馆、古鱼形动物和古两栖动物展厅、古爬行动物和古鸟类展厅、古哺乳动物展厅、古人类与旧石器展厅 4 个展厅,以及东厅、贵宾厅等特展厅。依托研究所近百年收藏的 20 余万件标本,展出了从中精选的有代表性的藏品近千件。这里陈列着自 5 亿多年前的寒武纪距今 1 万年前的地层中产出的史前各门类古生物化石和旧石器标本及模型,包括无颌类和有颌类鱼形动物、两栖动物、爬行动物、鸟类、哺乳动物和古人类化石及旧石器等,全面展现了史前动物和古人类的自然遗存及其生命演化的宏伟历程。

馆藏珍品

中国古动物馆展出的珍贵展品中包括来自非洲的特殊礼物 "活化石" 拉蒂迈鱼,大型恐龙马门溪龙,被称为 "中国第一龙" 的许氏禄丰龙,被编入我国小学课本的古动物黄河象的骨架,以及神秘的 "北京猿人" 头盖骨丢失前复制的仿真模型等。最近馆内又增添了长有羽毛的恐龙、世界最早具有角质喙的古鸟类、世界首枚翼龙胚胎、中生代能吃恐龙的哺乳动物等在世界上引起轰动的珍稀标本。

相关点评

通过丰富的展品和故事,以及集科学性、互动性和娱乐性为一体的多种多媒体电子游戏设备,观众可以在游乐的同时,全面、系统地了解史前生命演化的知识。

辣鼻青岛龙的正型标本

中华航天博物馆

- 北京市丰台区南大红门路 1 号
- 010-68384455
- 公交车 526、736、729、343、353 或快速公交 1 路至东高地站下可到
- 自驾车沿南中轴路向南直行，经过南苑路、南苑东路后右转至南大红门路行驶约 500 米可到
- 8：30—18：00（17：30 停止入馆。工作日开放，周末只对团体开放，团体预约电话：13501263025）
- 30 元
- 周一至周五须提前电话预约，带身份证；预约电话：010-68384455
- 学生、老年人（65 岁以上）、军官、残疾人半价（凭有效证件），讲解另收费
- 不接待中国港澳台地区、国外观众

中华航天博物馆外景

总体概述

中华航天博物馆（北京航天博物馆）坐落在天安门以南 10 多千米处的中国运载火箭技术研究院内，1992 年正式建成，以玻璃结构为主体，将航天专属的蓝色和突出现代感的白色相结合，进一步突显航天博物馆所要呈现给观众的高科技视觉冲击。展陈面积达 1 万多平方米，以展示中国航天历史及成就为主。

展览导引

馆内分为航天综合介绍展区、航天成就展区、CZ-2F 火箭发射"神舟"飞船模拟演示指挥中心、卫星和飞船运行轨道示意图展区、载人航天展区、国际合作与交流等 12 个展区，通过翔实珍贵的历史资料和丰富的实物与模型全面展现了中国古代航天探索、我国航天发展历程、现代航天科技成就以及对未来航天事业的展望。

馆藏珍品

"神舟"号飞船（实物）："神舟"号飞船高 8.86 米，最大内直径 2.5 米，航天员自由活动的空间约 5.5 立方米。飞船的主要结构为"三舱一段"，从上到下依次为：推进舱、返回舱、轨道舱和最顶端的附加段。

长征系列运载火箭（实物）：包括长征二号丙（CZ-2C）、长征三号运载火箭（CZ-3）、长征一号丁（CZ-1D）、"神舟"号飞船的返回舱（实物）、发动机一子级（实物）和发动机三子级（实物）。

相关点评

中华航天博物馆是国内航天科学技术领域唯一公益性科普活动基地，也是目前国内最大的航天科普专题展馆，自 1992 年 10 月开馆以来，引起了国内外各界人士的极大兴趣。作为航天科技对外宣传与展示的窗口，中华航天博物馆在树立中国航天整体形象、展示航天成果、普及航天科学知识、进行航天传统教育等方面发挥了巨大作用。

"神州"四号返回舱

自然科学类博物馆

Science & Technology

91

中国科学技术馆

北京市朝阳区北辰东路 5 号

010-59041000

公交车 328、379、419、484、617、628、751、913、运通 110 路到洼里南口站，或 466、630、653、758、984、985、快速公交 3 线路到慧忠北里站下可到；地铁 8 号线森林公园南门站出东南口可到，或乘坐地铁 5 号线大屯路东站出 A1 口，换乘 538 路到北辰东路站，向北直行可到

自驾车奥林匹克公园中心区东北部，北辰路向北、鸟巢正北 1000 米可到

周二至周日 9：30—17：00；周一（国家法定节假日除外）、除夕、初一、初二闭馆

主展厅：普通票 30 元，学生票 20 元；科学乐园展厅：儿童票 20 元，成人票 10 元

1. 有成人陪伴的 1.2 米以下儿童（限 1 名）、65 周岁以上老年人、现役军人（含武警）、残疾人、烈士家属、中国科学院和中国工程院正高级职称以上科技工作者凭有效证件可免费参观

2. 学校组织的 30 人（含）以上中小学生（含职高、技校、中专等在校学生）团体，按《中国科学技术馆学生团体免票协议》可免费参观（须提前两周预约，电话：010-59041190）

总体概述

中国科学技术馆是我国唯一的国家级综合性科技馆，是提高全民科学素质的重要基础设施。一期工程始建于 1988 年，在安华桥旁服务公众 20 载，为普及科学知识、培养公众科学精神发挥了重要作用。新馆于 2009 年 9 月建成开放，位于国家奥林匹克公园中心区，建筑规模 10.2 万平方米，呈现为一个巨大的"鲁班锁"造型，蕴含着解开科学之锁、探索科学奥秘的寓意。新馆建筑荣获全国建设工程最高奖"鲁班奖"，已经成为新北京新地标中一颗闪亮的明星。

中国科学技术馆拥有独具特色的科学博物馆资源，秉持"体验科学、启迪创新、服务大众、促进和谐"的理念，运用展品体验互动、多媒体演示、人工讲解辅导、科学表演等多种展示手段，创造高互动性的学习方式和教育氛围。该馆共建有五大主题展区，常设展项 1000 余件（套），开展科学表演、科学实验、科普讲座、教师培训、科技竞赛等多种形式的科普教育活动，与展览展项交相辉映。特效影院集国内最大的球幕影院、目前亚洲最大的巨幕影院及动感影院和 4D 影院于一体，是目前国内设施最完备、内容最丰富的特效影院体系。新馆开馆 3 年多来，接待中外观众逾 1000 万人次，发挥了巨大的社会效益。

中国科学技术馆还肩负着全国科普资源研发中心、集散中心和服务中心的重任。在发展实体馆的同时，启动中国流动科技馆和中国数字科技馆建设项目，组织开发临展和

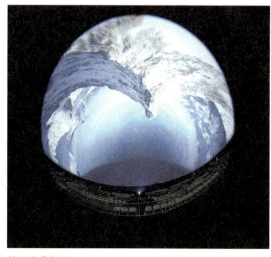

特效球幕影院

巡展，为西部地区、革命老区和经济欠发达地区服务，免费接待观众，有效扩大科普受益面。"三馆"共同发展，获得了良好的社会声誉。

展览导引

中国科学技术馆主体建筑地下1层，地上4层，局部5层，内设5大主题展厅、公共空间展示区、临时展厅、特效影院和会议区，展教面积近6万平方米。一层"华夏之光"展厅展示中国古代的科学探索与技术创新。"科学乐园"展厅采用以游戏化、互动参与为主的多样化展教方式，展示适合儿童身心发展的科技内容。二层"探索与发现"展厅把宇宙、物质、数学、声、光、电等串联起来，展示人类在与自然交互过程中体现出来的科学思想和方法。三层"科技与生活"展厅以百姓生活的衣食住行为贯穿脉络，展示科技发展对人类社会的深刻影响。四层"挑战与未来"展厅展示人类面临的重大问题与挑战、科技创新对可持续发展的贡献。五层科普活动室和科普实验室，配置高端的专业仪器设备，开展动手制作、趣味实验、创意体验等活动，也可以结合学校教育进行研究性课题的深度开发和实施。临时展厅位于一层东侧，

"挑战与未来"主题展厅

"科学乐园"主题展厅

"探索与发现"主题展厅

以短期展示、题材广泛、视角独特见长，与常设展览交相辉映。四个特效影院位于馆内西侧地下一层、一层和二层，利用现代电影科技手段，使观众体验各类影视特效奇观，领略人与自然之美。

馆藏珍品

飞天：位于一层西大厅。一组均匀排布的小球矩阵整体悬挂在大厅上方 20 米×14 米的大型平台绗架上，小球直径 220 毫米，35 行 23 列共 805 个。每个小球由大扭矩、低转速、分布式的电机阵列控制升降，可以达到离地面 7 米的高度。计算机和自动控制系统分别控制各个小球的速度和行程，使小球矩阵演示出中文、英文、各种图案和立体造型等信息；也可以演示各种数学曲面的动态造型，如球面、正弦、余弦等。这一展项同时包含了数学、计算机、控制、机械机构和图形像素等多方面的科学知识，向观众展示大型现代工业控制的原理和方法，以规模宏大、和谐壮观的视觉印象展现数学的内在艺术美。

生命螺旋：位于一层南大厅，是由 20 对手拉手的男人和女人组成的巨大 DNA 双螺旋结构，由地下一层直冲顶层天窗，全

高 47 米，直径 6.4 米，重 36 吨。通过放大的双螺旋结构造型，表现 DNA 是地球上所有生命的基础及其造型之美，同时以充满张力的人体造型表现生命的蓬勃活力，通过雕塑诉诸视觉的空间形象来反映现实生命及科学畅想，开我国科技类博物馆创作和陈设大型科学艺术作品的先河。目前在全世界尚未发现比"生命螺旋"更为巨大的室内雕塑作品，在各国的科技类博物馆中也未发现同类大型科学艺术雕塑。

机械旋律：位于一层东大厅，高约 4 米，宽约 10 米，重约 15 吨，通过艺术化放大并运转的机械装置，展示工业生产和日常生活中常见的 10 余种设备的机械传动方式。本展品以较为庞大的机械实体及其运转给人以视觉效果震撼，展示机械运转过程所产生的机械之美、材料之美、工艺之美和精密美、动态美、壮观美，激发观众对于机械工程技术的兴趣。本展

品在概念创意上属于原始创新的展品，目前国外未发现类似展品。

相关点评

中国科学技术馆鼓励观众动手探索实践，常设展览 1000 余件（套）展品，绝大多数可以参与互动，深受观众欢迎。在此基础上，按照现代科技馆"科学中心模式"的发展和需求，本着展示科学之美、和谐之美的理念，该馆还大胆实践了国内外科技馆和博物馆未曾有过、无先例可循的大面积公共空间展示设计工作，使建筑内公共空间在实现观众流通和休息功能的同时，充分发挥展示教育作用，营造强烈的科技氛围。位于一层公共空间的"飞天""生命螺旋"和"机械旋律"3 个大型展项，将静态陈列与动态演示相结合，造型宏伟壮观，视觉效应突出，令人生发美的共鸣与联想，已经成为该馆标志性展品。

大型展品"机械旋律"

中国航空博物馆

🏠 北京市昌平区小汤山镇 5806 号
📞 010-61784882
🚌 公交车 845、919、345 路至沙河北大桥站，换乘 945 路至中国航空博物馆可到；地铁 5 号线天通苑北站下车，换乘 643、昌 51 路至中国航空博物馆可到
🚗 自驾车经 G6 京藏高速公路北六环顺义方向，第 59 百善出口出，红绿灯向左直行 3500 米路北可到
🕐 8：30—16：30（16：00 停止入馆，周一闭馆）
💴 大门免费，2 个场馆收费，各 20 元 / 人
✉ 团体观众提前 3 天电话预约（咨询电话：010-61784882，010-66916919）；零散观众无须预约
🏷 部分临展门票对老年人、儿童、学生、军人、残疾人均有不同优惠

总体概述

中国航空博物馆占地 72 万平方米，是世界排名前五、亚洲第一的国家级大型航空专业科技类博物馆。展览主要以我国空军现役及退役飞机武器装备为载体，配合各类航空特色活动，开展航空科普教育和爱国主义教育活动，是国家 4A 级旅游景区，更是空军和人民军队对外开放的窗口，是展示人民空军辉煌成就和国防科技事业迅猛发展的平台，是传承航空文明的摇篮。

展览导引

中国航空博物馆参观顺序为：大门展区—题词墙—伟人座机展区—馆标区—洞库展区—歼击机展区—蓝天魂展区—冯如广场—英雄大道—综合展馆　模拟飞行体验中心。

馆藏珍品

伊尔 -14：1957 年 3 月 19 日至 1958 年 9 月 10 日，毛主席曾 23 次乘坐馆藏的 4202 号伊尔 -14 型飞机，其内部陈设依然保持毛主席当年使用过的情形，属国家一级文物。

运 -5：运 -5 飞机是新中国生产并装备部队的第一种运输机，被认为是迄今为止世界上最大的单发双翼飞机。馆藏的 7225 号运 -5 飞机曾于 1976 年 1 月 15 日由胥从焕机组驾驶，将周恩来的骨灰撒向祖国的江河湖海和大地。

歼 -10：歼 -10 飞机是我国自行研制的战斗机，是被党中央、国务院、中央军委列为国家重大专项的国防重点武器装备。馆藏的 1001 号歼 -10 飞机是首飞样机，具有重要的文物价值。

相关点评

329 架历史名机，记录着世界航空文明的足迹；独具特色的洞库展馆，讲述着中华民族千百年来的飞天梦想；巍然屹立的"蓝天魂——英雄纪念墙"雕塑，承载着人民空军在战火中浴血拼搏的英烈忠魂；180 米长的英雄大道和 11 组雕塑，是人民空军和中国航空事业走向胜利辉煌的历史见证；擎天而立的"利剑"主雕，象征着人民空军不畏强敌，勇于"亮剑"和崇尚荣誉的英雄气概；气势磅礴的综合展馆，展现了人民空军和航空事业发展的壮丽诗篇。

室外伟人座机展区

自然科学类博物馆

Science & Technology

北京自然博物馆

- 北京市东城区天桥南大街 126 号
- 010—67021254　67027702
- 公交车 7、17、20、35、110、105、120、707、729 路天桥站下车可到
- 自驾车至南中轴路，东侧，毗邻天坛公园可到
- 9：00—17：00（16：00 停止入馆，周一闭馆，国家法定节假日除外）
- 免费。须提前预约，当日凭本人有效证件领取预约票进馆　免费项目：预约、咨询、讲解、存包 收费项目：语音导览器租用、3D 影院、临时展览
- 预约时间：每周二至周日的 9：00—16：00；预约方式：电话：010—67027702；预约时限：提前 1 天，预约次日至 20 日内门票（不预约当日票）；预约数量：每人每次不超过 3 张，每天预约 4000 人次，额满为限

井研马门溪龙

总体概述

北京自然博物馆是新中国成立后依靠自己的力量筹建的第一座大型自然科学类博物馆，主要从事采集和收藏古生物、现生生物和人类学的标本，开展生命科学基础和现代生命科学的研究和普及工作。馆藏标本数量截至 2010 年年底超过 21 万件，质量在国内首屈一指，是全国青少年科技教育基地、北京市爱国主义教育基地，并于 2008 年被国家文物局评为国家一级博物馆。目前，该馆占地面积 14072 平方米，展厅面积约 1 万平方米。

展览导引

展览楼为米黄色古典建筑，展厅包括原有的和新扩建的，共有 11 个展厅：9 个基本陈列展厅和 2 个临时展厅。其中基本陈列包括：动物——人类的朋友、生命起源和早期演化、无脊椎动物的繁荣、古哺乳动物、古爬行动物、动物的奥秘、神奇的非洲、植物世界和走进人体。

馆藏珍品

井研马门溪龙：井研马门溪龙为古爬行动物，蜥脚类；长 26 米，肩高约 4 米；最长的股骨约 1.5 米，20 世纪末挖掘于四川井研，故命名为井研马门溪龙，是我国恐龙中数一数二的大型恐龙，陈列在古爬行动物厅，纵贯展厅东西，化石成分约占全部骨骼的 40%，多次被国内外博物馆等邀请参展，先后到我国南京、广州、香港及新喀里多尼亚、意大利、澳大利亚、美国等国家和地区展出。

海百合

真猛犸象头骨化石

北京天文馆

- 北京市西直门外大街 138 号
- 010-68312517　68352453
- 公交车 105、107、111、206、209 路动物园站下车; 地铁 4 号线动物园站下, D 口出
- 自驾车由西直门桥向西, 沿西直门外大街直行约 3500 米, 路南可到
- 淡季:周三至周五:9:30—15:30 (15:00 停止售票), 周六、周日:9:30—16:30 (16:00 停止售票), 旺季(寒暑假、国家法定节假日):周一至周日:8:30—17:00 (16:30 停止售票)
- 10 元
- 学生 7 元, 1.2 米以下儿童、60 岁以上老年人、军人、残疾人免费参观 (凭有效证件)
- 团体 (50 人以上) 有优惠, 团体销售电话:010-88361004

总体概述

北京天文馆是亚洲第一座大型天文馆, A 馆于 1957 年建成并正式对外开放; 2004 年年底, B 馆建成并对外开放; 2008 年, A 馆完成改造并重新对外开放。A、B 两馆建筑的完美结合, 构筑了北京又一道亮丽的风景。北京天文馆是目前中国内地唯一一座以开展大众天文普及与青少年天文教学为主的专业化场馆。主要利用场馆的球幕设施进行人造星空表演, 举办天文知识、中国古代天文仪器和文物展陈、展览, 编辑出版和发行天文书刊, 以及组织进行天文讲座、天文观测、知识竞赛、基础天文学教

数字宇宙剧场

学等各类活动, 向公众特别是青少年学生普及天文学知识, 宣扬中国古代天文学成就以及进行辩证唯物主义宇宙观、人生观的宣传教育。2008 年北京天文馆入选首批国家一级博物馆、北京市科普教育及研发基地。

展览导引

馆内的光学天象厅、数字宇宙剧场、3D 动感世界和 4D 科普剧场配备了世界上先进的设备与技术。场馆内还珍藏了大大小小从天而降的陨石, 观众可以亲手触摸"天外来客"。

馆藏珍品

月岩样品: 目前, 保

存在北京天文馆的月球样品是 1978 年美国送给中国的, 仅 1 克, 中科院地球化学研究所欧阳自远院士等人对其中 0.5 克进行了较为全面的研究, 剩余的部分送给北京天文馆作为科普展览。

南丹铁陨石: 南丹铁陨石 1516 年 6 月降落, 1958 年发现于广西南丹, 来自于一场较大的铁陨石雨, 共 19 块, 总重量达 9.5 吨。北京天文馆保存的这块陨石发现于南丹县里湖乡甲木村西南山坡, 重 680 千克, 属于铁陨石中粗粒八面体类型, 1992 年 8 月被运到北京天文馆展示。

0.5 克月岩样品

北京古代建筑博物馆

🏠 北京市西城区东经路 21 号
☎ 010-63172150
🚌 公交车 15 路南纬路站下车；120、20 路天坛西门站下车，自天桥百货商场向西 500 米可到
🚗 自驾车天坛公园西门正对路口西行，至第二个红绿灯南转。自驾车游客可免费停车
🕘 9：00—16：00（15：30 停止售票，周一、元旦、除夕、正月初一闭馆）
¥ 15 元　收费项目：语音导览器租用 10 元 / 人
✉ 团体讲解提前 3 日预约，预约咨询电话：010-63172150
🏷 大学生、研究生 8 元（凭有效证件）；北京市 60 岁以上老年人、残疾人、现役义务士兵、中小学生、
北京市见义勇为荣誉人员免票（凭有效证件）；周三前 200 人次免费参观

走进博物馆

北京地区博物馆大全

Museums in Beijing Area

总体概述

北京古代建筑博物馆坐落在明、清皇家坛庙先农坛古建筑群内，是一座收藏、研究和展示中国古代建筑，特别是先农坛古建筑群历史文化与营造技艺的专题性博物馆。北京先农坛始建于明永乐十八年（1420 年），是明、清两代朝廷祭享先农神、行耕耤大典的场所。现有格局大体形成于明中期嘉靖年间，是北京地区保存完好的皇家祭祀建筑群落，2001 年被公布为第五批全国重点文物保护单位。

展览导引

北京古代建筑博物馆基本陈列有"中国古代建筑展"和"北京先农坛历史文化展"。

"中国古代建筑展"在太岁殿院落，共有 3 个展厅，内容分为 5 个部分。第一展厅是拜殿展厅，展出内容是"中国古代建筑发展历程"；第二展厅是太岁殿展厅，展出内容有"中国古代建筑营造技艺""祭祀太岁——太岁坛复原陈列"和"匠人营国——中国古代城市"；第三展厅是西配殿展厅，展出内容是"中国古代建筑类型欣赏"。

"北京先农坛历史文化展"在神厨院落，形象展示先农坛历史沿革、明清皇帝祀农耕耤大典及传统农业文明等丰富内容。（此展览目前正在改陈中，预计 2014 年面向社会开放。）

馆藏珍品

隆福寺正觉殿藻井：藻井是一种顶部呈穹隆状的天花。该馆珍藏的隆福寺正觉殿藻井为国家一级文物。藻井构件在 1988 年移入该馆，经专业人员修复，于 1999 年展出。

相关点评

中国古代建筑是世界上最古老的建筑体系之一，有 7000 年以上有实物可考的历史，3000 年前已形成以木构架为主要结构，以封闭的院落为基本布局的独特风格，这种做法一直延续数千年，并对周边国家和地区如日本、东南亚及朝鲜半岛的建筑产生了深远的影响。

太岁坛复原陈列

先农坛观耕台

北京古观象台

🏠 北京市东城区东裱褙胡同 2 号
☎ 010-65268705　65269468
🚌 公交车 1、4、37 路北京站口东站下车；地铁 1 号线、2 号线建国门站下车，C 口（西南口）出可到
🚗 自驾车走长安街或东二环至建国门立交桥西南角可到
🕐 9：00—17：00（16：30 停止售票，周一闭馆）
¥ 20 元
🎫 中小学生 5 元；1.2 米以下儿童免费，周五中小学生团体（30 人以上）免费（须提前预约），65 岁以上老年人、残疾人、现役军人免费（凭有效证件）
❗ 车位紧张

浑仪

圭表

总体概述

北京古观象台始建于明正统七年（1442 年），是明、清两代的皇家天文台，在明末清初"西学东渐"的过程中发挥过重要作用。中国的学者与西方传教士相互交流，共同完成了大量的学术著作，设计出重要的天文仪器。北京古观象台在明末清初见证了中西方两大文明体系的交流与冲撞的历史过程，留下了令人回味无穷的中西合璧的天文历法与天文仪器。

在中国文化历史上，天文学占有相当重要的地位。而天文学是一门源于实测的学问，所以用于天文观测的天文台就备受历代帝王的重视。北京古观象台明代被称为观星台，清代改名为观象台。

从明正统初年到 1929 年止，古观象台持续天文观测近 500 年，是世界上现存古天文台中持续观测时间最长的一座古观象台，至今仍然保留着昔日的建筑格局。

展览导引

观象台上陈放着清代制造的 8 架巨型青铜天文仪器。在台下古朴的四合院中，紫微殿中设有"中国星空"展览，从古代的天象观测到历法的设定，系统介绍了中国古代的"观象授时"。在西厢房中设有"西学东渐"展览，从中可以了解到欧洲文艺复兴之后的天文学是如何通过《崇祯历书》的编撰开始传入中国的。在东厢房的"灵台仪象"展览中可以看到古观象台的历史，明代到清代天文仪器的变换。清代天文仪器吸收融入了欧洲古典天文仪器的优点，采用中国传统的青铜铸造工艺，是中西文化交流过程中制作的

自然科学类博物馆

Science & Technology

99

清代古仪

道坐标系统设计了黄道经纬仪；赤道坐标系统设计了赤道经纬仪；然后又设计了"诸仪之统"的天体仪和中国传统所无的测量任意两星之间角距离的纪限仪。这样6仪并用，互相核对，在实际测量中可以减少系统误差。同时在刻度圆环上装配了狭缝式游表，在刻度上首次正式采用了西方周天360度的刻度划分，废弃了中国过去以 $365\frac{1}{4}$ 度来分划圆周的传统，并且采用了丹麦天文学家第谷的横向划分法，提高了读数精度。

精品。明代的浑仪、简仪等天文仪器，1931年"九一八"事变后被运往南京，现在古观象台下的院落广场中陈放着浑仪、简仪的铜质原大复制品，观众可以动手进行运转和仿古观测。

仁在康熙年间设计的6架天文仪器不同于浑仪将地平、赤道、黄道共于一仪的传统，而是按照地平、赤道、黄道坐标系统分别铸仪：地平坐标系统设计了地平经仪和象限仪；黄

馆藏珍品

8架青铜天文仪器：
这8架青铜观天古仪制造于清代的康乾盛世，从时间上共分3次铸造完成：第一次是从1669—1673年，共制造了6架大型青铜天文仪器：黄道经纬仪、赤道经纬仪、地平经仪、象限仪、纪限仪、天体仪；康熙五十四年（1715年）又增铸了地平经纬仪；乾隆十九年（1754年）最后完成了玑衡抚辰仪的制造。至今这些古仪经历了300多年的风风雨雨，仍然雄浑地耸立在北京古观象台上。

相关点评

比利时传教士南怀

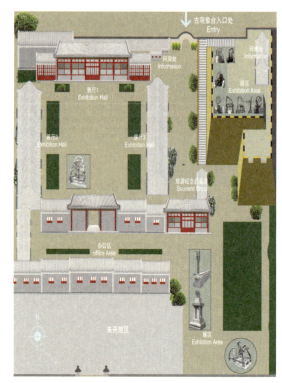

北京古观象台平面图

北京航空航天博物馆

🏠 北京市海淀区学院路 37 号（北京航空航天大学校内）
☎ 010-82317513　82317512
🚌 公交车 331、375、386、392、438、632、693 路北京航空航天大学站下车可到；地铁 10 号线西土城站下，B 出口可到
🚗 自驾车北四环学院桥向南，路西可到
🕐 9：00—16：30（周日闭馆）
💰 免费不免票
✉ 观众须网上预约，预约网址：www.buaa.edu.cn（凭有效证件到票务窗口领票）

北京航空航天博物馆外观

总体概述

北京航空航天博物馆工程 2008 年年底展开，新馆工程 2012 年全面完工。新馆的建筑面积是老馆的两倍，地下一层、地上三层。展览面积由原来的 7000 平方米扩大到现在的 1.5 万平方米。常年在室外展览的 30 余架历史飞机都进入了明亮、宽敞的封闭式展览大厅。新建的展厅内有观摩用廊桥，站在廊桥上可俯览各类飞机。

新馆在原来的基础上大量增加了有关航空航天的历史文物和教学用近代航空发动机、航天设备等展品，并增加了飞行原理、操纵、控制的演示内容。原有的各个历史时期的典型战机、名机也将重新修旧如旧，以悬挂、支撑、静态场景等立体展览的形式再现当年的风采。

新馆的展览采用静动、平面与立体相结合，声、光、电一体，数字、虚拟等多媒体的互动手段，使参观者在踏进展馆的同时，感到浓郁的航空航天气息和扑面而来的空天感觉。

展览导引

北京航空航天博物馆的展览分长空逐梦、飞机大厅、空天走廊、神州问天四大部分。其中飞机大厅为实体飞机展，4000 平方米的展厅塞满了将近 30 架不同历史阶段的各类飞机和残骸。

馆藏珍品

"北京一号"中短途运输机：1958 年由北京航空学院（现北京航空航天大学）800 余名在校生参与设计、实验和试飞，共耗时 3 个半月。

P-61 夜间战斗机（绰号：黑寡妇）：是世界上仅存的两架 P-61 夜间重型战斗机中的一架，为二战中的名机。

"鹞"式垂直短距起落战斗机：全国仅此一架。

相关点评

新馆的展览模式融教学、科研、社会公众教育三位于一体，发挥高校博物馆系统规范、专业性强的特点，在保持原有国家精品课"航空航天概论"现场课教学平台的基础上，更好地满足了其他院系的辅助教学，以及校外航空院校和专业团体的教学参观；同时，敞开大门面向社会公众进行航空航天知识的科普教育和我国航空航天事业的爱国主义教育，以及科学与和平的国防知识教育。

自然科学类博物馆

Science & Technology

中国第四纪冰川遗迹陈列馆

- 北京市石景山区模式口大街 28 号院
- 010-88722585
- 公交车 597,959 路首钢小区站下车；地铁乘 1 号线苹果园站下车换乘 336、746、959 路等在首钢小区下车，或 527、311 路模式口东里下车可到
- 自驾车阜石路向西门头沟方向杨庄大街出口出，沿辅路直行金顶北街右转弯，直行 4 个红绿灯左转弯上坡，直行 1000 米右转弯上北坡可到
- 9：00—16：00（周一闭馆）
- 10 元　收费项目：语音导览器租用
- 团体提前 3 日预约，预约咨询电话：010-88722585
- 1.2 米以下儿童、残疾人、现役军人、离休人员、65 岁以上老年人免票（凭有效证件）；学生、65 岁以下老年人半价（凭有效证件）

总体概述

中国第四纪冰川遗迹陈列馆地处京西古道模式口，背靠翠微山，前临永定河引水渠，是我国乃至亚洲唯一建在冰川遗迹上的自然科学类专题性博物馆，2009 年 6 月正式对外开放，先后被评为全国科普教育基地和北京市爱国主义教育基地。冰川馆全面介绍了第四纪冰川的形成演变与人类以及京西地质结构、岩石构造等一系列自然地质知识，集收藏、陈列、研究、普及于一体，开展形式多样的展览展示、学术交流、知识讲座和夏令营等活动。

展览导引

新馆主体建筑分为两层。一层展厅分为序言、冰川知识、冰川擦痕保护区和地球演化与第四纪冰川历史时期的冰川故事，同时设有多功能厅，观众可以观看和冰川有关的影片。

二层展厅主要展示现代冰川与人类的关系和中国第四纪冰川研究成果，同时还有多媒体互动项目供观众体验。

馆藏珍品

模式口冰川擦痕：是我国前水利部高级工程师李捷先生于 1952 年勘探永定河引水渠时发现的，后经著名地质学家、原地质部部长李四光先生鉴定确认。这个擦痕的发现被苏联科学家纳里乌金称为"亚洲地质史上的光辉一页"，是国内外地质工作者和学者研究考察的必到之处。

相关点评

该陈列馆 1957 年被确定为北京市重点文物加以保护，并且成为研究我国第四纪冰川学和地质力学的科普知识教育基地，也是专业院校地质系课外教学场馆，为科学知识的传播和弘扬老一辈科学家的爱国热情、敬业精神，发挥了重要作用。

山岳冰川模型

遗迹大厅

周口店北京人遗址博物馆

🏠 北京市房山区周口店大街1号
☎ 010-69301278　69301080
🚌 天桥乘836、917路公交车到周口店路口转乘38路中巴或步行2000米到周口店遗址；西客站乘616路公交车到良乡西门转乘38路中巴到周口店遗址
🚗 自驾车G4京港澳高速闫村出口下，走京周公路直达
🕐 全年开放8：30—16：30（16：30停止售票）
💰 门票30元，半价票15元
ℹ️ 讲解服务：提供中、英、日、法、韩、德语讲解服务；语音导览器10元/次
特色服务项目：3D放映厅：8分钟三维动画。互动体验项目：魔法卡片、模拟考古发掘、模型制作、模型装架等；科普宣讲：在周口店遗址定期举办科普知识宣讲活动

总体概述

周口店北京人遗址位于北京西南，地处华北平原和太行山脉的接壤处，距北京市中心约50千米。周口店北京人遗址是一处自然科学类遗址博物馆，1961年3月4日被国务院列为全国重点文物保护单位，1987年12月11日被联合国教科文组织列为"世界文化遗产"，2011年被联合国教科文组织亚太地区世界遗产培训与研究中心评为世界遗产教育基地。

展览导引

周口店北京人遗址博物馆分为遗址和馆内陈列两部分，基本陈列包括序厅：周口店遗址全景图及中、英、日文介绍和展现周口店遗址重要化石地点的弧幕沙盘。第一部分：历史回顾。第二部分："北京人"化石展。第三部分：展出了"北京人"居住洞穴的形成、发展过程和洞穴堆积层的年代。第四部分：周口店遗址山顶洞、新洞等化石地点介绍。第五部分：人类演化浮雕和放映厅。展厅墙壁上展出了从猿到人的浮雕，介绍了人类演化的3个重要阶段。

馆藏珍品

"北京人"第Ⅲ号头盖骨化石（模型）：1929年12月，由裴文中先生在周口店遗址第1地点发现。此件标本属于一个八九岁的儿童，估计脑量为915毫升。标本于1941年"二战"期间丢失，至今下落不明。此件标本模型为周口店遗址博物馆二级标本。也正是此件标本的发现，揭开了周口店遗址大规模发掘的序幕，使中国史前考古在国际上占有了重要的一席之地。

相关点评

周口店北京人遗址在国际学术界享有盛誉，在国际古人类学界和史前考古学界占有极其重要的地位，同时又是世界文化遗产、全国重点文物保护单位、国家一级博物馆和国家考古遗址公园，在学术科研、科学普及等方面都堪称古人类遗址的典范。

"北京人"头盖骨化石模型

自然科学类博物馆

Science & Technology

103

中国印刷博物馆

- 北京市大兴区黄村兴华北路 25 号
- 010-60261988
- 公交车 410、456、610、631、829、841、940、954、968 路至清源西里站可到；地铁 4 号线至清源路站 A 出口可到
- 自驾车沿京开高速南行至黄村出口，辅路右转向西至兴华北路路口可到
- 8：30—16：30（16：00 停止入场，周一闭馆）
- 免费
- 团体观众（20 人以上）参观可以提供讲解服务，须提前 3 天电话预约
- 不能拍照

博物馆主体建筑全景

总体概述

中国印刷博物馆坐落在北京印刷学院院内，1996 年 6 月落成，拥有藏品 26000 余件，堪称世界上最大的印刷专业博物馆，2008 年 1 月向社会免费开放。

展馆展示了中国印刷技术发展史上的 3 个里程碑——雕版印刷术，活字印刷术和汉字信息处理激光照排技术的发明、发展演化过程。

展览导引

中国印刷博物馆共有 4 个分馆，三楼是源头古代馆，二楼是近现代印刷馆，一楼是数字技术馆，还有一个位于地下的印刷设备馆。此外，还设有德国古登堡博物馆展区和中国港澳台地区印刷、钱币印刷、邮票印刷、欧洲早期印刷、印刷精品等专题展。

馆藏珍品

《春秋经传》：南宋晚期杭州精刻本，上钤元、明、清三代宫藏印，我国国宝级儒学典籍善本。此书是溥仪逊位后，为筹划出国，以赏赐的方式，由伴读溥杰带出宫，后散失于东北，现保存于此馆。

《安民告示》：是清朝入关后第一任皇帝顺治进入北京后颁于"顺治元年七月初八日"的第一件《安民告示》，印品名为《大清国摄政王令旨》。全文共 685 字，由一整块木雕版一次印刷而成，纸张未见拼接，为已考证的

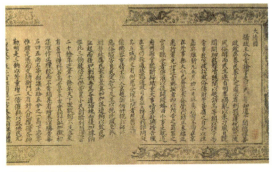

《安民告示》局部

近现代馆

数字技术馆

武英殿木活字摆版坊模型

历史上最大的单页雕版印刷品。

手扳架印刷机：1929年英国制造的印刷机，属于平压平式印刷机，可印刷铅活字版、铜锌版及各种凸版。这台印刷机最先由商务印书馆引进使用，于1932年"一·二八"淞沪抗战中被毁，后从废墟中抢救出来，在印刷机上可以看到"国难后修整"的字样。

活字：活字制版只要事先准备好足够的单个活字，就可随时拼版，大大地加快了制版时间，提高了印刷效率。毕昇发明的活字印刷术是中国的伟大发明之一，在各个时期都起到过重要作用。

相关点评

中国是"文明之母"——印刷术发明国，中国发明的印刷术对世界的文明与进步起到了巨大的促进作用。中国印刷博物馆

作为国家级的印刷专业博物馆，肩负着向世界弘扬中华民族悠久而辉煌的印刷文化、对青少年进行爱国主义教育的重任。

手扳架印刷机

铜活字

中国医史博物馆

⌂ 北京市东城区东直门内南小街 16 号，中国中医科学院大白楼 10 层
☎ 010-84029505 64014411-3245
🚌 公交车 24、406、734 路海运仓站下可到
🚗 自驾车自东四十条桥向西第一个十字路口向北，约 800 米路东可到
🕐 周三 13:30—16:30（节假日除外）
❀ 免费

博物馆外景

绿琉璃冰箱

走进博物馆

北京地区博物馆大全

Museums in Beijing Area

总体概述

中国医史博物馆建于 1982 年 5 月，前身是 1950 年 8 月由卫生部举办的全国卫生医药展览会卫生馆的古代、近代和现代医史之文物陈列。1982 年，卫生部批准中国医史博物馆成立，并正式向学术界开放。中国医史博物馆有丰富的祖国医药文物珍品：著名的医学图书、御制稿本、书画拓片、陶瓷、玉器等藏品 3000 多件。

馆藏珍品

医史文物：馆藏文献精品有清宫如意馆绘《内经（景）图》《按摩导引养生秘法》《调气炼丹图式》《医宗金鉴·外科心法要诀》12 卷。文物精品有宋代内府罐、清代藏冰用具——藏冰箱、象征长寿的九桃瓶、特殊的茶道用具——茶船及蒙古族医药精品——蒙医药包等。

相关点评

当今社会，由于疾病谱的变化、健康观念的改变以及老龄化问题的出现，人们开始注意从中医学中寻找解决方法。在中医药学的科研、教育、临床中，一些有价值的东西均取材于中医药古代文献，但由于文献的博大精深，很多信息尚未被认识和发现，尤其是其中蕴藏的大量防病、治病经验，亟待研究开发。因此，对于不断认识生命与自然的关系、疾病与健康的关系而言，中医药古代文献是赋予人们智慧的源泉。

中医学运用天人合一、整体观念和辨证论治思想认识人的生命现象，对现代医学分析思维模式中出现的困惑开辟了崭新的思路。这种思想的前瞻性，随着现代科学技术的发展，其理论内涵与未来发展潜力将被展现出来。而存世的大量古代中医药医史文献记录了中医学数千年来积累的丰富理论知识和临床经验，一直维系和促进中医药学的不断发展。

中国蜜蜂博物馆

🏠 北京市海淀区香山北沟1号卧佛寺西侧
☎ 010-62595735
🚌 公交车318、331、360、360快、563、630、696、698、714路北京植物园或卧佛寺站下可到
🕐 8:30—16:30（每年11月15日—次年3月10日闭馆）
¥ 免费免票（12岁以下儿童需要成人陪同）
✉ 团体观众须提前3天电话预约，预约咨询电话：010-62595735
❗ 不能拍照；因博物馆在北京植物园内，参观需另购植物园门票

室外活动区

总体概述

中国蜜蜂博物馆位于北京市植物园内。该馆初建于1993年9月，时值第33届国际养蜂大会在北京召开。馆内共有图片和图表500余幅，标本和实物600余件，景观模型3个等。博物馆通过图片、图表、标本、实物、景观模型、录像播放等手段，以生动直观的形式向参观者介绍我国源远流长的养蜂历史、蜜蜂生物学知识、现代养蜂科学技术和蜂产品的相关知识。参观者可通过活蜂观察箱，观察整个蜂群的生活状态，看到巢内亮晶晶的蜂蜜和收获归来的蜜蜂正在卸载花粉、个体最大的蜂王正在产卵等有趣的情景。

展览导引

博物馆共分4个展室。第一展室展示了蜜蜂的起源和化石，养蜂业发展史，蜜蜂与人类文化的渊源，中国的养蜂资源。第二展室展示了蜜蜂生物学、养蜂技术等。第三展室展示了蜜蜂授粉、蜂产品和蜂疗。第四展室展示了中国现代养蜂业发展成就和科技成果、国际交往、与蜜蜂相关的国内外文化作品等。"蜜蜂是人类的朋友"为常设展览。

馆藏珍品

古蜜蜂化石：中国蜜蜂博物馆内有一块蜜蜂化石，属中新世年代，距今已有2300多万年。

大蜜蜂蜂巢：馆内藏有两块大蜜蜂蜂巢，采自云南西双版纳，其体型巨大，保存完整，国内罕见。

相关点评

古蜜蜂化石出自山东临朐中新统山旺组化石群。山旺古生物化石是中国唯一、世界罕见的，在中新世保存完整、门类齐全，具有不可替代和重要科学价值的地层古生物化石遗迹。化石上蜜蜂翅膀展开，体色条纹清晰，是不可多得的珍品。

古蜜蜂化石

自然科学类博物馆

Science & Technology

107

北京中医药大学中医药博物馆

- 北京市朝阳区北三环东路 11 号北京中医药大学校内
- 010-64286835 64286845
- 公交车 13、117、300（内）、367、718、运通 104 路和平东桥或和平街北口站下，或 62、119、406、419、674 路和平东桥北站下（北京中医药大学西门）；地铁 13 号线光熙门站下，A 出口可到
- 自驾车东承高速北三环辅路出，东门入；或北三环和平东桥向北樱花园东街，西门入
- 8：30—16：30（每周一、三、五、六开放，国家法定节假日闭馆）
- 10 元
- 每年 5 月 18 日博物馆日免费 1 天；65 岁以上老人、残疾人、军人、儿童免费；学生半价（凭有效证件）

总体概述

北京中医药大学中医药博物馆于 1990 年建成，总建筑面积 3160 平方米，是一座现代化建筑，主要分为中国医学史展厅和中药综合标本展厅两部分。

展览导引

中国医学发展史陈列以中国医学发展史为主线，通过各个时期的医药文物，再现了包括少数民族在内的祖国医学的主要成就。馆内陈列设计主要以版书、图表、绘画、照片的方式再现，并配有大量相关的文物及部分雕像、模型，从历史角度阐述人们在战胜疾病、增进健康、延长寿命的实践过程中所取得的辉煌成就，以及医学家在此过程中所建立的伟大功勋。

中药综合标本展厅以宏大的规模充分展示了中药学体系的各个方面，展陈包括中药综合展厅和药用动物展览橱窗两部分。整个展厅按教材《中药学》中所讲授的近 600 种常用中药，1500 余份标本的功能主治进行分类排列。除常用中药外，展厅中还陈列了许多贵重中药标本、动物的剥制标本和保色浸制植物标本近 300 种。展览以彩色图片、文字说明、实物对照为主体。

馆藏珍品

针灸铜人复制品：医史展厅收藏有清光绪时太医院使用的针灸铜人复制品，是 20 世纪 80 年代根据原件翻模复制的，与真品无异，非常难得；此外还有清代明堂图、中成药仿单等。

马宝：马宝非常稀有，是马胃中的结石，该馆收藏的马宝直径 11 厘米，重达 1150 克，如此大而圆的马宝实属珍贵、罕见。

相关点评

中药综合标本展厅中还有一个突出亮点就是药用植物浸渍标本。药用植物浸渍标本是通过对原生的药用植物进行杀生、固定、保鲜等处理，使展示的标本能长期保存，而且栩栩如生、造型优美，不仅丰富了中药展品，同时也为展厅增添了亮丽的色彩。

清代光绪针灸铜人（复制品）

中国电信博物馆

⌂ 北京市海淀区学院路 42 号
☎ 010-58843042
🚌 公交车 323 快、392、375、478、490 路学知桥北站下，或 331、386、632、810、944 路北京航空航天大学站下，向南 500 米路东可到；地铁 10 号线西土城下，B 出口（东北口）可到
🚗 自驾车北三环蓟门桥沿学院路向北，学知桥东北角可到
🕘 9：00~16：30（目前因改造闭馆）
💲 10 元，学生、60 岁以上老年人、残疾人半价（凭有效证件）。团体票（30 人以上）8 元／人，学生 4 元／人
✉ 团体观众须提前 1 天电话预约，提前或现场领票

总体概述

中国电信博物馆于 2001 年 10 月正式对外开放。该博物馆是国家通信专业综合性博物馆，是全国电信文物主要的收藏、宣传、教育和科学研究的专门机构，是宣传电信企业文化、传播科技、启迪智慧的载体，也是进行文化、学术和技术交流活动的社会公益性文化场所。

清末龙图案电话机

清末共电式人工交换机

该馆充分运用现代化陈列手段，将实物及声、光、电等辅助展品交汇在一起，全面展现了中国通信发展的历史和文化，给人以启迪和求知的愿望。

展览导引

中国电信博物馆展厅由中国电信发展史厅、电信科技科普厅、中国电信专题展厅组成。前者完整陈列了我国通信发展历史，全面反映了从 3000 多年前通信活动的萌芽到 21 世纪电信通信发展的辉煌成就，汇集了 20 余年来征集到的千余件通信藏品，其中清末的龙图案电话机、韦斯登重锤波纹电报机、共电式人工交换机等，都是难得一见的珍品。在电信科技科普厅，观众可以了解到数据通信、微波通信、移动通信、卫星通信、光纤通信等通信技术的原理，并可亲自动手操作通信设备。中国电信专题展厅将多媒体与电信技术互动体验相结合，展示中国电信为政府、企业及社会提供丰富的综合信息服务，使观众感受电信给人们工作和生活带来的便捷。

馆藏珍品

清末共电式人工交换机：在清朝慈禧时期，这台交换机曾为皇室使用，由美国西电（W·E）公司制造，在一些复式塞孔排和簧片上印有"美国"的字样和年份（1898、1904）。该设备于 1904 年从北京分别拆迁到济南、徐州、连云港，1975 年从连云港拆装到江苏大丰县邮电局，1986 年退役。

相关点评

参观者从展览大厅走过，仿佛在祖国数千年的通信历史隧道里穿越，中国通信发展的时空被浓缩于这个五彩缤纷的殿堂里。

自然科学类博物馆

Science & Technology

109

北京南海子麋鹿苑博物馆

🏠 北京市大兴区南海子麋鹿苑
☎ 010-69280687　69280901　69280671（传真）
🚇 地铁5号线换乘亦庄线旧宫站下车，换乘953路至鹿苑路站下车，向东步行约25分钟至南海子公园，穿行公园进入麋鹿苑
🚗 自驾车由南五环旧桥出口向南3000米，可见麋鹿路标，按路标指示行驶可到
🕘 9：00—16：00（周一闭馆，国家法定节假日除外）
💰 免费。收费项目：电瓶车、团体讲解、临时展览
❗ 禁止带宠物

总体概述

北京南海子麋鹿苑博物馆为北京市首座户外类型的生态博物馆，是距北京市区最近的一处以麋鹿及其湿地生态为核心的自然保护场所，具有物种保护、生物多样性研究、科普教育及生态旅游的多种功能，占地近千亩，现有国家一级珍稀麋鹿以及其他濒危物种300余只。北京南海子麋鹿苑博物馆是向世界展示中国的动物保护及生态教育的窗口和基地；博物馆所在地曾经作为皇家猎苑，是重要的自然及历史文化遗产。该博物馆不仅具有保护濒危野生动物及其栖息环境（湿地生态系统）、提高公众环保意识的功能，而且是开展生物多样性保护研究、北京对外合作进行环境保护项目和学术交流的重要基地。

展览导引

此生态博物馆按照功能划分为湿地及麋鹿保

麋鹿群

护区、涉禽保护区、圈养动物区、麋鹿回归纪念园区、科普活动区、灭绝地教育区、生肖雕塑区、生物多样性展示区、儿童活动区、小动物园等。游客可步行或乘坐电瓶车按照参观线路游览。在苑内的科普楼内有常设展览"麋鹿传奇"及"世界鹿类展览"。

馆藏珍品

国家一级保护动物：麋鹿、白唇鹿、普氏野马、梅花鹿、丹顶鹤、东方白鹳。
国家二级保护动物：马鹿、河麂、水鹿、天鹅、

白鹅雁、鸳鸯、灰鹤。
具有设计专利的科普教育设施：灭绝多米诺骨牌、候鸟迁徙地球仪、动物之家系列、低碳生活系列、生肖雕塑系列等。

相关点评

这里有自然景观、湖光天色，有动物植物、飞禽走兽，特别是包括麋鹿在内的各种鹿类，还有大量的轶事传奇、人文史话。在千亩苑区内，游客到处可以看到从生态道德角度设置的独具创意的科普教育设施，并感受到强烈的自然保护气氛。

坦克博物馆

- 北京市昌平区阳坊镇坦克博物馆
- 010-66759904
- 地铁13号线龙泽站换乘昌20路坦克博物馆站下车可到
- 自驾车从西北六环沙阳路下高速，走沙阳路，阳坊镇北2000米即到
- 春、夏、秋季8：30～17：00，冬季8：30～16：30（周一闭馆，法定节假日闭馆）
- 18元
- 1.2米以下儿童、残疾人、65岁以上老年人、现役军人、离休人员免费（凭有效证件）；大中小学生、老年证持有者和社会保障金领取者半价（凭有效证件）

总体概述

中国人民解放军坦克博物馆原名人民装甲兵陈列馆，1997年扩建后正式命名为坦克博物馆，同年8月1日正式对社会开放。坦克博物馆以大量翔实的文献资料、实物和模型，记叙了中国人民解放军装甲兵从无到有，从弱到强，逐步发展壮大的历程，记叙了世界装甲兵近百年的发展史，也展示了抗日战争中的中国装甲兵。

日本94式超轻型坦克

展览导引

坦克博物馆分为人民装甲兵发展史、世界装甲兵展、抗日战争装甲兵图片展、坦克装甲车辆、装甲兵训练模拟器、兵器仿真模型、轻武器仿真射击7大部分。陈列各种照片、图表2200余幅（张），文献资料392本（件），实物400余件，中国、苏联、美国、日本、印度等国家的坦克装甲车辆27种65辆，世界各国兵器仿真模型300余件，装甲兵训练模拟器8种10台，国产仿真模拟射击武器5种8套。

馆藏珍品

日本94式超轻型坦克：1989年7月在河北省涿州市大清河中发现。这辆坦克隶属于日本独立第2坦克营的永山坦克队，是当年在由渡船搭设的浮桥上过河时坠入水中的。该坦克沉没于河底达52年之久，保存完整，目前该种坦克亚洲仅存两辆，该馆为其中之一。1989年日本民间拟以5000万美元购买，被我军方严正拒绝。这是日本侵华战争的铁证。

相关点评

半个多世纪以来，在党中央、中央军委的正确领导和亲切关怀下，一代又一代装甲兵事业的开拓者、领导者及建设者艰苦奋战，英勇拼搏，为中国革命和建设事业作出了伟大的贡献，取得了辉煌的成绩。该馆馆藏史料丰富翔实，从图片到实物，全面反映了我军装甲兵的发展历程和建设成就。坦克博物馆的展览，仿佛又把人们带到了烽火硝烟的战争年代；同时，体现了新时期军队的革命化、现代化、正规化建设的步伐，催人奋进。

自然科学类博物馆

Science & Technology

北京自来水博物馆

⌂ 北京市东城区东直门外北大街甲 6 号（清水苑社区内）
☎ 010-64650787
🚌 公交车 44、106、107、117、123、特 12 路东直门北站下车，沿二环路向北 200 米路东；地铁 2 号线、13 号线东直门下，沿二环路向北 500 米路东可到
🚗 自驾车从东直门桥沿东二环辅路向北 500 米可到
🕐 周三至周五上午 9：00—11：30，下午 13：00—16：00
💴 5 元，学生 2 元
✉ 团体观众须提前 3 天电话预约，预约电话：010-64650787；零散观众现场购票
🏷 持残疾证、老人证、博物馆通票免费参观

总体概述

北京自来水博物馆成立于 2000 年，是由北京市自来水集团出资兴办的行业博物馆，2007 年被北京市文物局列入优秀近现代建筑保护名录。馆内藏有具有历史价值的藏品 1000 余件，通过图片、沙盘、制水工艺模型等向人们讲述京城自来水事业的发展历程，使参观者深入了解北京自来水创业的艰辛历程。

展览导引

北京自来水博物馆展厅是利用北京第一座水厂——东直门水厂的蒸汽机房改建而成。展览分为"京水百年　文化传承""水厂建设""管网管理""水质保障""客户服务""节能减排"6 个部分，通过历史文物、珍贵图片、生动图表、简约文字，回顾了京水百年的发展历程，梳理和展现了京水百年发展的脉络和轨迹，反映出首都供水事业取得的辉煌成就。

馆藏珍品

来水亭：来水亭建造于清光绪三十四年（1908 年），是用于接收孙河地表水，并对原水进行加药消毒的场所。

来水亭

来水亭见证了京师自来水公司东直门水厂对北京近代早期城市建设和社会生活的影响，是具有重要历史文化价值的工业建筑遗存。

来水亭墙体采用当地传统建筑材料青砖砌筑，间以外来红砖组成传统纹饰，体现了工匠综合运用中、外建筑材料的高超建造技艺，反映了北京近代早期建筑业的变化，是具有重要科技价值的早期建筑遗存。

相关点评

展馆内除了展现京城自来水的发展历史，还借助声、光、电、模型反映自来水复杂的生产工艺、地下自来水管网的分布状况以及严格的水质监测手段等，让市民通过参观真正理解"自来水来之不易"和"自来水不自来"的道理，强化市民的节水意识。

更楼

中国铁道博物馆

🏠 正阳门展馆：北京市东城区前门大街甲2号；东郊展馆：北京市朝阳区酒仙桥北路1号院北侧；詹天佑纪念馆：北京延庆县八达岭特区

☎ 正阳门展馆：010-67051638；东郊展馆：010-64381317 64381517；詹天佑纪念馆：010-69121006

🚌 正阳门展馆：乘209、44、673、729、9、特2路公交车至前门东站下或地铁2号线前门站（B出口）下车；东郊展馆：乘403、516、629路公交车至环行铁道站下车，步行约1500米；詹天佑纪念馆：乘919路公交车至八达岭站或北京北站乘S2线至八达岭站，出站后向南200米

🚗 正阳门展馆：自驾车至前门东路可到；东郊展馆：自驾车大山子出口出，沿酒仙桥北路直行过五环路可到；詹天佑纪念馆：自驾车由G6京藏高速长城出口下，右转至八达岭景区可到

🕘 9：00—16：00（周一闭馆）

🎫 20元，学生10元

🏷 5月18日免费开放（国际博物馆日）；65岁以上持老年证者免费；1.2米以下儿童和持铁路工作证者半价；团体（20人以上）参观提前预约，享受优惠，优惠面议

ℹ 中国铁道博物馆办公区地址：北京市西城区马连道南街西环景苑2号院1号楼（中国铁道博物馆办公区）；电话：010-51836884；办公时间：8：00—17：00（周一至周五）

正阳门展馆：清朝站台及皇家列车场

正阳门展馆：蒸汽机车原理解剖

总体概述

中国铁道博物馆是保护铁路文化遗产，传播铁路科技知识，宣传铁路建设成就，弘扬铁路先进文化的公益性场馆，由办公区及正阳门展馆、东郊展馆、詹天佑纪念馆3个展馆组成，有文物资料藏品近万余件。

展览导引

正阳门展馆位于天安门广场东南侧，由原京奉铁路正阳门东车站旧址改建而成，2010年10月正式对外开放。这里全面展示了中国铁路百余年发展的历史轨迹和近年铁路建设取得的成就。

东郊展馆坐落于朝阳区，建筑面积21149平方米，

分为机车车辆展厅、综合展厅，2002年11月正式对外开放。机车车辆展厅荟萃和展出了中国铁路不同时期、类型及制式的机车车辆百余台。

詹天佑纪念馆位于八达岭长城北侧，是1987年由铁道部为纪念詹天佑先生而设立的人物纪念馆。詹天佑纪念馆完整而系统地展现了詹天佑先生为中国铁路建设努力工作的一生。

馆藏珍品

"0号"蒸汽机车： 1881年英国制造的四轮鞍形水柜式机车，曾在中国自建的第一条铁路——唐胥铁路上行驶，是目前中国保存的最古老的机车。它历经百年从唐山地震的废墟中挖出整修后，移送中国铁道博物馆展示。

KF1型006号蒸汽机车： KF1型蒸汽机车是1933年由中国铁路机车专

自然科学类博物馆

Science & Technology

113

家应尚才等人设计的客货两用蒸汽机车，1968年全部退役。目前，该型机车在世界范围内仅存两台，另一台007号机车现存于英国国家铁路博物馆。

前进（QJ）型0001号蒸汽机车： 是大连机车车辆厂于1956年设计制造的中国自行开发的第一台大功率干线货运机车，全长26.1米，设计速度每小时80千米。它开创了中国自行设计制造机车的新纪元。经过中国铁路技术人员和工人的不断改进，该型机车成为中国铁路当时牵引力最大、劳动条件最好、各项经济技术指标和设计最先进的机车。

京沪高速铁路（电子沙盘）： 该沙盘采用地形幕布、地形表面动画投影与背景幕布演示系统三大部分，全景展示京沪高速铁路的微缩景观。通过地形幕布直观看到的是京沪高速铁路素色地形，而地表色彩及所有要素如水系、交通、重点工程、地名等都以卫星影像为基础，采用三维渲染等动画技术制作动画短片，由投影仪投射在沙盘幕布上。大家可以看到地表纹理色，铁路沿线四季、昼夜、天气变化的自然风光，飞驰的高速铁路列车，沿线城市、主要车站、桥梁和隧道的位置。

"和谐号"仿真模拟驾驶舱： 正阳门展馆内的"和谐号"仿真模拟驾驶舱，由仿真驾驶舱和模拟驾驶台两部分组成，全长8.6米。仿真驾驶舱是根据原车外形及内部结构设计，配置原车座椅。模拟驾驶台是按照实际驾驶操作系统和操控程序设置，采用120度超宽环幕的正面视景与左右两侧视窗影象一体化同步显示，模拟动车组运行时速最高可达350千米。通过动画、声音以及该系统特有的三维仿真模拟方式，为驾乘者营造了一个乘坐"和谐号"动车组的真实环境。

相关点评

中国铁道博物馆所属的各具特色且相辅相成的3个展馆共同发挥着保护铁路历史遗产、普及铁路科技知识、宣传铁路建设成就的重要职能。

正阳门展馆："和谐号"动车仿真模拟驾驶舱

东郊展馆：机车展厅蒸汽机车展区

北京御生堂中医药博物馆

- 北京市昌平区北七家镇王府公寓 2-35
- 010-81788271
- 快速公交 3 号线、426、430、984、985、966 路平西府路口站下，行至王府公寓院内可到；地铁 5 号线天通苑北站换乘 487、537、643 路平西府站下，十字路口西行约 300 米至王府公寓院内
- 自驾车走 G6 京藏高速，由安河出口出，红绿灯向东行驶约 10 千米至王府公寓小区院内；或走京承高速，由北七家出口出，直行至立汤路左转弯，南行见红绿灯右转弯，西行 300 米马路北侧至王府公寓小区院内；走安立路、立汤路、平西府路口西侧约 300 米至王府公寓小区院内
- 9：00—11：00，13：00—16：00（无休息日）
- 提前 3 天电话预约
- SALE 持有效博物馆通票参观享受半价优惠；老年人、青少年和残疾人（包括伤残军人）享受半价优惠（凭有效证件）

总体概述

百年老字号"御生堂"始创于明万历三十六年（1608 年），为集中医、中药和收集古董珍玩于一体的药铺、商号。清朝乾隆皇帝亲笔御书"御生堂"匾额赐给御生堂第七代传人白凌云，白家老号至此正式更名为"御生堂"，成为中国历史上唯一一家皇家御封的民间商号。

1999 年创立的北京御生堂中医药博物馆将御生堂经营数百年所使用及收藏的数以万计的珍贵中医药文物展示给世人。

展览导引

该博物馆有中医药文物展厅、百年印刷老广告两个展厅，位于博物馆一层。二层开设有中医药体验区、精品文物展、临时展览及各类特色展览等。博物馆文物陈列分为 7 部分：清代御生堂老药铺景观、历代药王医圣造像、历代中医中药用具、古代中草药标本、古代中草药包装、历代中医药书籍报刊、近代医方医案资料。此外，博物馆还同时展出 1 万余件中国古代陶瓷玩具和 2000 余幅中国历代老广告。

馆藏珍品

明·神农石刻像： 神农又称炎帝，是我们华夏民族的祖先之一，是农业生产的发明者、医药之祖。和大家以往看到的神农像不同的是，这尊石刻像手里捧着一棵灵芝，这是目前国内发现的体积最大、保存最完好、历史最久且与中药有关的神农石刻像。

相关点评

北京御生堂中医药博物馆被称为中医文化瑰宝和"世界的中医药百科全书"，被国家中医药管理局授予"中医药文化宣传教育基地"称号，被北京市科学技术委员会、北京市科学技术协会联合命名为北京市科普教育基地，被北京市中医药管理局、北京市旅游发展委员会联合确定为首批北京市中医药文化旅游示范基地。

明·神农石刻像

自然科学类博物馆

Science & Technology

北京老爷车博物馆

- 北京市怀柔区杨宋镇凤翔一园 19 号
- 010—61677039　13341010793
- 公交车866、916 路中影基地站下，十字路口红绿灯北行 600 米可到
- 自驾车走京承高速杨雁路出口直行，第一个红绿灯前行 600 米可到；或 101 国道至立交桥见杨宋镇路牌右转下桥向东直行，第三个红绿灯左转 600 米（或中影基地十字路口红绿灯处北行 600 米）
- 夏：8：30—17：00，冬：9：00—16：00
- 50 元
- 学生、老年人、军人、残疾人半价（凭有效证件）
- 展馆接待规模：每场 200～300 人次

总体概述

北京老爷车博物馆 2009 年 6 月正式开馆，馆内现有老爷车 100 余辆，拥有国内一流的馆藏品：新中国成立初期汽车工业代表作——北京汽车制造厂生产的东方红轿车、第一代 210 军用越野车；上海汽车制造厂生产的上海检阅车、第一代上海凤凰轿车、上海 58-I 等上海汽车系列；长春第一汽车制造厂生产的东风金龙轿车、红旗检阅车、第一代红旗轿车、红旗轿车系列；还有美国凯迪拉克、德国奔驰、法国雪铁龙、英国莫利斯、苏联吉斯等经典车型。有老一辈革命家毛泽东、周恩来、朱德、彭真、李先念等及著名抗战将领傅作义、陈纳德的座驾等中外老爷车。

展览导引

展馆一层展厅分为国外车展区、国内车展区两部分，直观震撼，是真实版的汽车发展史。

馆藏珍品

中国轿车的鼻祖——东风金龙 CA71：此款车为 1958 年 5 月长春第一汽车制造厂生产的第一代轿车。东风金龙轿车是专为党的"八大"试制的献礼车，结束了中国不能生产轿车的历史。

东方红轿车 BJ760：1960 年 4 月，北京汽车制造厂试制出第一轮 3 辆 BJ760 东方红轿车样车。东方红轿车是北京汽车工业第一次利用引进国外技术自行研制的产品。目前，全球仅存一辆，十分珍贵。

轻型越野车 BJ210C：1963 年，北汽 BJ210C 的设计方案通过了国家鉴定，是国产越野车的鼻祖。

上海检阅车：这是中国上海汽车制造厂1970 年出产的敞篷检阅车，是重大活动、阅兵式专用车辆，周恩来总理曾用此车陪同柬埔寨西哈努克亲王在上海检阅我国三军仪仗队。

相关点评

博物馆中有的馆藏品是国内乃至国际稀缺品牌、绝版品牌，堪称稀世藏品，它们记录了中国汽车工业的发展史和世界汽车的发展史。

东风金龙 CA71

上海检阅车

北京百年世界老电话博物馆

🏠 北京市朝阳区天辰东路下沉花园
☎ 010-57915188
🚌 公交车 81、82、510 路在国家体育馆站下，向东步行至新奥工美大厦可到；地铁 8 号线奥林匹克公园站下车 A 口出可到
🚗 自驾车北四环北辰西桥向北 1000 米进入国家体育场北路，路北进入新奥工美大厦地下停车场即到
🕙 10：00—19：00（周一闭馆）
💴 50 元
🔖 中小学生、老年人、残疾人和离退休人员、军人全免费

总体概述

　　北京百年世界老电话博物馆是以有线电话机为主导藏品的专业博物馆。它汇集了 100 多年以来世界近 50 个国家设计和制造的近万部磁石、共电、拨号和按键等各式电话机，全面、客观、系统地反映了有线电话的发展历史进程和发展脉络。特别是在广泛收集世界各国电话机实物的同时，还着力收集了与电话机相关的近万件藏品。并在此基础上，开拓出电话号簿、电话证章、电话票证、电话图片、屯话历史文献、电话邮票、电话卡及其他衍生品等许多电信藏品收藏分支，同时开展了多领域的研究。目前馆藏品达 10 万余件。

展览导引

　　该馆面积约 1000 平方米，分为综合区、各国话机区、中国话机区和历史文献、号簿、证章、图片区。

馆藏珍品

　　红线一号：生产于 20 世纪 60 年代的上海。

　　白胶木拨号电话机：生产于 20 世纪 40 年代的匈牙利。

　　金字塔拨号电话机：最早出现于 20 世纪 30 年代的英国。

　　埃菲尔铁塔磁石电话机：瑞典爱立信 1892 年生产。

　　埃菲尔铁塔磁石电话机：日本 1895 年生产。

红线一号

白胶木拨号电话机

金字塔拨号电话机

埃菲尔铁塔磁石电话机（瑞典爱立信）

埃菲尔铁塔磁石电话机（日本）

117

北京通信电信博物馆

🏠 A馆：北京市东城区东黄城根北街 14 号；B馆：北京市西城区骡马市大街 9 号
📞 010-66198899
🚌 A馆：公交车 82、60、115 路电车东黄城根北口站下车可到。B馆：公交车 5、特 5、6、48、603、715 路，电车 102、105 路果子巷站下车可到；地铁 4 号线菜市口站下车，东行约 300 米可到，入口在北京联通大楼一层东门。两馆址均无固定停车位，需自行就近停车
🕐 9：00～17：00（16：00 停止入馆，双休日、节假日闭馆）
💰 免费
✉ 团体观众提前 1 周预约，预约电话：010-66198899，提供免费讲解服务；暂不接待零散观众
❗ 该馆为企业博物馆，只接待团体观众（20 人以上），且须持单位或街道开具的介绍信

总体概述

北京通信电信博物馆基本展陈涵盖了从清代北京电报通信到当代的电报、电话、微波、短波、特种通信、数据通信、卫星通信、移动通信、电信线路等内容，展示了北京电信事业的发展历程和各个时代使用的通信设备，强调了北京电信事业的独特性。通过互动操作，观众们在得到视听享受的同时，获得知识的启迪。

展览导引

A馆设有综合通信展厅、市话测量室复原、市话交换机房复原 3 个展厅。

B馆位于北京联通综合楼东侧，分上、下两层，从门厅、序厅进入展线，全部展陈分 3 个单元共 17 组。一层展线包括清代通信、民国通信、红色通信、电报通信、电话通信等展区。二层展线包括重要通信、应急机动通信、奥运通信、短波通信、微波通信、卫星通信、移动通信、数据通信、通信线路等展区，展线最后是通信新业务技术演示区和多功能区，演示体验最新的个人通信业务、家庭通信业务、集团通信业务，也可为研讨会、发布会、讲座、临时展览等提供活动空间。

馆藏珍品

1903 年绘制的《中国电线图》：这是该馆目前保存最早的通信文物原件，反映了清末全国电报线路的建设情况。

1940 年安装的 A29 式步进制自动电话交换机：陈列在 A馆的这套交换机是北京最早的自动电话交换机，也是目前全国唯一保存完好可加电运行，并可接通公网的步进制电话交换机。

相关点评

为了使任意两个电话用户能互相通话，必须使用电话交换机接转，可以说交换机是电话网的核心。1940 年以前，北京电话网上的交换机都是人工接转的。如今这些交换机早已被数字程控交换机所取代，只留下这一小部分保留在北京通信电信博物馆，还可加电运行，而且能与公网连接，是通信史上的"活化石"。

A馆机房内安装的步进制电话交换机

北京西瓜博物馆

🏠 北京市大兴区庞各庄镇政府院内
☎ 010-89281181
🚌 公交车 842 路庞各庄桥站下车可到；地铁 4 号线天宫院站换乘兴 28、30 路庞各庄桥站下车可到
🚗 自驾车走京开高速第 13 个出口向前 200 米可到
🕐 9：00~16：30（1：00 停止入馆，除夕至正月初八闭馆）
💰 20 元
🆓 学生、70 岁以上老年人半价（凭有效证件），团体讲解免费

博物馆外景

总体概述

中国西瓜栽培历史悠久，成就巨大，举世公认。近年来，中国西瓜无论从种植面积和产量都居世界前列。为传播西瓜历史、西瓜种植、西瓜产业、西瓜文化等相关知识，展示我国西瓜发展和科技进步的成果，促进西瓜产业化建设的发展，弘扬西瓜文化，由北京市大兴区庞各庄镇人民政府筹建了这座西瓜博物馆。该馆占地面积 2.2 万平方米，建筑面积 4000 多平方米。

展览导引

该馆主要结构分为东、西两个展厅，主要展览内容以西瓜历史、西瓜种植、西瓜产业、西瓜文化和大兴西瓜节为主线，通过雕塑、模型、标本、图标等展览形式，体现出该馆的科学性、专业性、知识性、文化性、趣味性的展览特征。

相关点评

西瓜博物馆形象设计主题为"飞翔的西瓜"，它造型新颖独特，风格时尚大方。北京西瓜博物馆是国内外最早一家以专项农作物命名的博物馆。

造型西瓜

瓜王展示——全国西瓜擂台赛

自然科学类博物馆

Science & Technology

119

北京市朝阳区北辰西路 1 号院 5 号

010-64807975

公交车 81、484、510、518、628、630、695、751、607、617、913、运通 110 路中科院地理所或南沟泥河站下车可到；地铁 8 号线奥林匹克公园站下车，从西北出口向西约 500 米可到

自驾车由北沙滩桥向东至北辰西路左转调头约 200 米或在北辰西路与大屯路交叉路口向西约 200 米可到

9：00—16：00（15：30 停止售票，周一闭馆）

40 元，通票（含电影票）60 元；收费项目：语音导览器租用

60 岁以上老年人，大中小学生（含港澳台，不含成人教育），现役军人，持社会保障金领取证的人员半价，即参观门票 20 元，含 4D 电影的通票 40 元（凭有效证件）；离休人员、70 岁以上老年人、残疾人（凭有效证件）、1.2 米以下儿童（需有成人陪同）免费参观（不含 4D 电影）；家庭套票 100 元（含 4D 影院，包含 2 名成人 1 名儿童）

中央大厅

总体概述

中国科学院动物研究所标本展示馆（国家动物博物馆）位于奥林匹克公园西侧的中国科学院奥运村科技园区，隶属于中国科学院动物研究所，是动物系统与进化研究、动物标本收藏和动物科学知识普及三位一体的国家级学术机构，由动物标本馆和标本展示馆两部分组成。

展览导引

国家动物博物馆的动物标本馆是我国最悠久的标本收藏机构，是在原震旦博物馆、静生生物调查所、北平研究院动物学研究所、中央研究院自然历史博物馆及故宫博物院等机构所属标本馆的基础上，经过几代科学家近百年的努力，逐步建立和发展起来的。动物标本馆包括鱼类及两栖爬行类标本分馆、无脊椎动物标本分馆、兽类标本分馆、鸟类标本分馆、昆虫标本分馆和标本数字化分馆。标本馆现有各类动物标本 530 余万种，约占中国科学

院生物标本收藏总量的 1/3。标本馆馆藏标本几乎包括了分布在我国的各主要类群和代表性种类。标本收藏范围为包括中国台湾地区在内的全国各地标本以及 20 余个国家的标本，此外，部分国外赠送或交换的珍贵标本也收藏在该馆。

标本展示馆是国家动物博物馆的对外开放参观部分，建筑格局仿法国巴黎自然历史博物馆。建筑面积 7500 平方米，包括地下一层、地面二层半，共三层半的结构，其中布展面积 5500 平方米。展示馆设 9 个固定展厅、1 个交流展厅和 1 个 4D 动感电影院。标本展示馆固定展厅按参观顺序分别为：动物多样性与进化展厅、无脊椎动物展厅、中国科学院动物研究所发展史展厅、濒危动物展厅、鸟类展厅、

动物与人展厅、昆虫展厅、蝴蝶展厅、精品展厅。展厅共展示珍稀动物标本 5000 余种，分为科学知识展示、动物标本展示和生态景窗展示，通过声音、灯光、舞台灯光、紫外光、电动装置、多媒体、动物标本实物、图片文字、生态环境重现和视频手段，把动物学知识有机地贯穿在整个展示过程中。

势宏伟，展览设计水平较高，主题明确，线索清晰流畅，各方面都达到了同类博物馆的先进水平。同时，博物馆位于奥林匹克中心区附近，地理位置优越，必将成为我国重要的动物学知识的科普教育基地，对于传播科学知识、弘扬科学精神、提高公众环境保护意识、促进国际文化和科技交流，均有着重要的意义。

濒危动物展厅

馆藏珍品

多种标本：我国近代收藏历史最长的标本、与大熊猫一起被法国传教士采集的昆虫标本、在马王堆汉墓中被发掘的昆虫、几近灭绝的珍稀濒危物种的标本、我国第一批克隆牛标本、周恩来总理指示转交给该馆保存的国礼标本等。每一件展品的背后都隐藏着一段鲜为人知的故事，包含有特殊的科学意义和珍贵的历史意义。

鸟类展厅

相关点评

中国科学院动物研究所标本展示馆是一座以向公众展示大自然动物多样性、传播动物学知识为目的的博物馆，承担着相关标本的收藏、鉴定、保护、研究、展示、宣传、交流等职能。该馆科学性强，藏品丰富且有代表性，库房设施十分先进。展厅气

昆虫展厅

无脊椎动物展厅

北京汽车博物馆

🏠 北京丰台区南四环西路 126 号
☎ 010-63756666
🚌 公交车 740 内、740 外、特 9、运通 115 路怡海花园南门站下车可到；地铁 1 号线到五棵松站换乘 740 外、运通 115 路怡海花园南门站下车可到；地铁 9 号线科怡路站出，向东步行 300 米路南可到；地铁 4 号线公益西桥站换乘 996、740 内怡海花园南门站下车可到
🚗 自驾车走西四环由北向南行驶，29 号出口（科丰桥、世界公园、百强大道）出，过第一个红绿灯后沿南四环辅路直行 500 米即到
🕐 9：00～17：00（15：30 停止入馆，周一闭馆）
💴 30 元；学生 20 元
👥 团体观众提前预约
🎫 1.2 米以下儿童免费，残疾人、65 岁以上老年人、现役军人免费（凭有效证件）
🎮 互动展项：极限驾驶（初级、高级）、汽车生产线等
❗ 讲解服务：定点讲解（10：00 和 14：00）、收费讲解

博物馆夜景

华夏贡献

走进博物馆

北京地区博物馆大全

Museums in Beijing Area

总体概述

北京汽车博物馆于 2011 年 9 月正式对外开放。馆内藏品不仅展示了跨越国界和地域的科技文明，而且突出了汽车文明的过去与未来、创新与进步，是首都北京展示现代科技与进步的文明窗口。这里不仅有经典藏品车、现代化概念车，更有知识性、互动性、趣味性的展项与展示环节，用现代化的展示手段演绎出科技与文化、科技与艺术、科技与生活的时尚魅力。

展览导引

北京汽车博物馆的参观线路不同于一般传统从一楼入口处开始参观，观众可先搭乘电梯到顶层，然后有两条参观路线供选择，可逐层参观，也可随时变更参观路线。

五至三层是博物馆的主要展示区域。自上而下依据历史、技术和未来的主线，设有创造馆、进步馆、未来馆。创造馆——回望历史。集中展示了世界汽车的发展史和中国汽车工业的发展历程，从轮子的发明到千年不变的马车出行再到改写历史的汽车诞生，汽车演绎了人类追寻"神行"的理想，承载了人类探索创新的智慧和激情。进步馆——体验科技。介绍汽车的内部结构、工程技术、安全性能和设计生产的相关内容。未来馆——承载梦想。汽车改变了世界，改变了人

类的生活方式，汽车已经成为人类文明进程中不可或缺的组成部分，但能源、环保、交通、安全等问题无时无刻不困扰着我们。唯有创新才有发展，唯有创新才能超越，人、车、社会将有更美好的未来。二层设有中国汽车工业经典藏品车展区。再现了新中国成立初期中国汽车工业在摸索中发展的激情岁月，同时还设有旅游纪念品、餐厅及观众服务区域。一层设有国际交流、新车发布、会议、培训等展览辅助区域。同时，博物馆还定期举办各类主题活动、展览、讲座等。

小学生参观汽车造型设计展

新材料实验室

馆藏珍品

诞生发展展区　藏品车——奔驰一号：德国人卡尔·本茨于 1885 年制造出了"奔驰一号"。现藏于德国斯图加特奔驰汽车博物馆，该馆展示的是2003 年经奔驰公司授权的复制品。

奔驰一号

中华动力展区　藏品车——杜瑞亚 L 型：杜瑞亚 L 型汽车是该馆的一级藏品，也是最早进入中国的汽车之一。该馆展示的这辆即为 1903 年产原装汽车，目前仍能行驶。

中国汽车工业经典藏品车展区　藏品车——红旗 CA72：红旗 CA72 是该馆的一级藏品，是我国有编号的第一辆真正的高级轿车，是我国汽车工业的标志和里程碑。

生产制造展区　展项——汽车生产线：汽车生产线为沉浸式多媒体实时互动剧场，生动地展示了汽车的装配过程，让观众仿佛置身于一台车架上，体验汽车生产线装配的全过程，给人巨大的冲击力。

相关点评

　　无论博物馆的建筑风格，还是其陈设的展品，都是最具有代表性的，不仅反映世界汽车工业的昨天和今天，更反映世界汽车发展的明天。

　　北京汽车博物馆藏品的系列性和完整性奠定了国内同类博物馆第一的地位，文献方面的收集国内尚没有其他机构进行。

自然科学类博物馆

Science & Technology

123

中国民兵武器装备陈列馆

- 北京市通州区焦王庄陈列馆路 25 号
- 010-66814600
- 地铁八通线通州北苑站下，换乘 615、667 路至陈列馆路焦王庄北口站下车可到
- 自驾车沿京通快速、G1 京哈高速直行，西马庄出口出，上通燕高速耿庄出口出，桥下左转，第一个大十字路口左转，下一个丁字路口陈列馆路右转，前行约 1000 米可到
- 9：00—16：30（周一闭馆）

日式 300 毫米口径榴弹炮

总体概述

中国民兵武器装备陈列馆位于通州区大运河源头，占地 10 余万平方米，全馆分为 5 个展厅及野战炮炮场和室外环境艺术等部分。馆内藏有品种繁多的武器及丰富的历史文献资料和各种文物 1 万余件，其中包括来自 23 个国家的枪炮刀剑等各种兵器 5000 余件，有十几厘米长的钢笔手枪和历经一、二次世界大战的各国名枪等，皆历史悠久，存世极少。在野战山地炮阵中还存有近百吨重的亚洲现存的最大口径的日式 300 毫米口径榴弹炮。展品数量之多，品种之繁，堪称世界兵器陈列之大观。

展览导引

进入陈列馆大门，就见到主馆建筑外的长城垛口嵌顶设备，主馆后方是一个由野外工事构筑的火炮阵地，与周围环境融为一体。陈列馆由室外雕塑群、序厅、中国民兵发展史厅、轻武器博览厅、炮厅、野外炮场和激光模拟射击厅等 7 个部分组成。

馆藏珍品

日式 300 毫米口径榴弹炮：这门固定式防御火炮口径为 300 毫米，最大射程 2 万米，是目前我国现存的二战时期口径最大的日式榴弹炮，也是该馆的镇馆之宝。这门炮于日本昭和 15 年（1940 年）制造。1938 年，侵华日军将 6 门这种大炮安放在黑龙江省阿城县何家沟。抗战胜利后，这 6 门大炮陆续被拆。直到 1958 年，当最后一门要被拆时才留下来成为日本帝国主义侵华的铁证。

相关点评

馆内还设有激光模拟射击厅，内设 MX-4 型激光模拟射击系统，是一种真实有效的射击训练装备，是广大兵器爱好者学习、研究、鉴赏各种兵器的最佳去处和进行全民国防教育及军事科技教育的理想场所。

轻武器博览厅

中国化工博物馆

🏠 北京市海淀区北四环西路 62 号（中国化工集团大厦 3 层）
☎ 010-82677217　82677715
🚌 公交车 26、47、641、718、333、740、608、913、982、983、963、944 支、运通 113、运通 106、运通 109 路，海淀桥东或中关村西站下车可到；地铁 4 号线中关村站 A 口出向西 200 米可到
🚗 自驾车海淀桥辅路往东 200 米可到
🕘 9：00—16：00（周一至周五开馆，国家法定节假日除外）
💰 免费。收费项目：语音导览器凭身份证免费租用；无身份证收取押金 100 元 / 台
✉ 团体参观须提前 3 天预约，预约咨询电话：010-82677217　82677715；零散观众须提前通过博物馆网站（www.chemmuseum.com）或电话进行预约，现场领票参观

总体概述

中国化工博物馆是国内首家化工博物馆，为人们提供了一个了解化学工业历史脉络的新窗口。该馆分两期建设，馆藏展品及资料丰富，展示了中国化学工业的发展历程和重要成果，讴歌了为中国化学工业作出杰出贡献的科学家和企业家，描绘了化学工业发展与人类生活的美好远景，并为青少年提供了一个化工知识的科普教育基地。

展览导引

本馆共有 1 个序厅、6 个展厅和 1 个多功能厅。古代厅主要展示中华民族古代化工对世界文明作出的贡献；近代厅主要展示近代中国化工的发展历程；当代厅主要展示新中国化学工业取得的诸多成就；集团公司厅展示所属各企业的主要产品和介绍国际领先的跨国化工公司；展望未来厅描述未来化学工业的发展趋势；化工与国民经济展厅主要体现科普性；多功能厅可作为影视演播厅、小型学术报告厅、新产品展示厅等。

馆藏珍品

《化学指南》：清同治十二年（1873 年）由京师同文馆出版，至今已有 100 多年的历史，是中国近代最早的化学教科书之一。

《中国化学会会志》：是中国第一家外文版期刊，专载中国化学研究成果，用英、法、德文发表，创刊号于 1933 年 3 月在北平出版。该馆展陈的是我国著名化工专家侯德榜先生收藏的珍贵文物。

化工音像宝库：该馆一大特色是收藏了大量的化工影像资料，介绍了中国化学工业发展历史、化工专业知识、国家领导视察化工行业、化工行业名人和化工企业家的功绩以及重点化工企业的产品等。

相关点评

清同治十年（1871 年），京师同文馆开设了化学课程。法国人毕利干担任京师同文馆化学教习长达 20 年之久，这是中国近代化学教育的开端。毕利干任教不久，即与学生联振合作翻译了法国化学家马拉古蒂的《化学基础教程》一书，取名为《化学指南》。译本共 10 卷，于同治十二年（1873 年）出版，总理衙门大臣董询作序。

《化学指南》

自然科学类博物馆

Science & Technology

125

中国房山世界地质公园博物馆

⌂ 北京市房山区长沟镇六甲房村
☎ 010-61368202
🚍 公交车 616、901（六里桥—佳仕苑）、901（六里桥—燕化东岭）路良乡医院站换乘房山 12 路南甘池路口站下车可到；公交车 917、836（张坊线）路云居寺路口站下车，换乘房山 12 路南甘池路口站下车可到
🚗 自驾车走 G4 京港澳高速闫村出口出，经京周路、周口店路口左转，经房易路、云居寺路口右转直行 3 分钟可到
🕐 夏季：9：00～16：30（16：00 停止入馆，周一闭馆）；冬季：9：00～16：00（15：30 停止入馆，周一闭馆）
💴 免费；收费项目：语音导览器租用 20 元／个；讲解 50 元／次
✉ 预约方式：团体观众须提前 1 日电话预约，提前或现场领票，预约电话：010-61368210；零散观众可现场领票

总体概述

中国房山世界地质公园于 2006 年 9 月 17 日由联合国教科文组织正式批准并授牌。公园的建立，为北京增加了一处以自然景观为主的科技型世界地质公园。

中国房山世界地质公园博物馆是该公园的核心展示区和科研交流的平台，具有科普教育、休闲旅游、地质研究、宣传展示、信息交流五大功能，是目前国内建筑面积最大、展陈内容最丰富的世界地质公园博物馆。

展览导引

馆内设有开篇厅、地史演化厅、八大园区厅、国内外世界地质公园展厅、实物标本厅、展望厅六大展厅，附属设施包括学术报告厅、4D 影厅、多媒体教室，同时还有科研科普中心、游客服务中心等。馆外设有科普广场，有大型标本和地学名人雕

十渡展厅

塑。展览以展板、多媒体、模型、互动装置、岩石标本等为主，全面反映房山世界地质公园的地质遗迹特点和人文景观特色。

馆藏珍品

岩石柱：岩石柱分别代表了房山世界地质公园地质历史中 5 个时代的地质变迁，分别是：太古代、元古代、古生代、中生代和新生代，展现了北京地区沧海桑田的巨变。

相关点评

博物馆整体建筑顺应自然地势，演绎造山运动，隐喻人类起源，应用地域材料，寓意为"石破天惊"，充分体现了"尊重自然机理、活用原生地形、造型自然舒展、内外空间一致"的特点。

联合国教科文组织评委盖伊·马提尼称中国房山世界地质公园博物馆是一个崭新的、杰出的、无与伦比的博物馆，代表着中国房山世界地质公园的未来与发展。

时空隧道

民航博物馆

🏠 北京市朝阳区首都机场辅路民航 200 号地区
☎ 010-84323688
🚌 公交车 359 路和平农场东站下车可到
🚗 自驾车走机场高速苇沟出口（出京方向），见红绿灯右转，再过一个红绿灯，前行，见路口左转即到
🕐 9：00—16：00（15：30 停止入馆，周一闭馆）
🎫 免费
✉ 预约方式：团体观众提前 3 天电话预约，填写团体参观单；散客可通过网上预约（www.caacmuseum.cn）、现场预约两种方式获得门票

民航博物馆外景

总体概述

民航博物馆是国内唯一一家民航行业博物馆，是以展示民航发展成就、传播民航文化、普及民航知识为宗旨的综合性文化机构，由中国民用航空局主办。博物馆主体建筑外观的设计灵感源自飞机发动机的外壳，独特而恢弘。室内展区建筑总面积 21980 平方米。

民航博物馆征集了大量藏品，包括里 -2、C-46、伊尔 -14、运七、空客 A310-200 等我国民航不同时期使用的各种机型。博物馆还征集到驼峰飞行、"两航"起义、"八一"

开航、拉萨试航等重大历史事件的文献和资料。

展览导引

博物馆总占地面积 189343 平方米，分为室内展区与室外展区两个部分。民航博物馆具有展示、教育、科普、休闲等功能。目前馆内正在引入飞行模拟机，为参观者提供飞行体验服务；筹建 360 度环幕模拟塔台，为参观者提供空管体验。正在建设中的多功能影院包括 3 个影厅（1 个 IMAX 巨幕影厅，1 个胶片影厅，1 个数字影厅），为参观者提供科普教育、休闲娱乐服务。

馆藏珍品

伊留申　伊尔 -14： 编号为 4208 的伊尔 -14 毛泽东座机，不仅曾在 1957 年两次执行毛泽东主席的专机任务，还曾多次执行其他中央首长的专机任务。后几经辗转，2007 年 4208 号终于成为民航博物馆的藏品。

空中客车 A310-200： 注册号为 B-2301 的 A310-200 型飞机是中国大陆引进的第一架空中客车双通道宽体飞机，由中国东方航空公司运营。在累计飞行 39053 小时和 20968 次起落后，这架飞机被空中客车公司回购，捐赠给民航博物馆。

空中客车　A310-200 型飞机

127

中国消防博物馆

🏠 北京市西城区广安门南街 70 号
📞 010-66267926　66267928
🚌 公交车 59、351、676、特 12 内环路大观园西（大观园西门）站下车可到；地铁 4 号线陶然亭站下，C 口出，转乘 59 路公交车大观园西站下车可到
🚗 自驾车西二环白纸坊桥向东进入广安门南街，向南可到
🕐 9：00～16：30（16：00 停止入馆，周一、周二闭馆）；防火防灾体验馆每天开放两场，分别为 10：00 和 15：00
💰 免费
✉ 团体观众须提前 2 日电话预约，预约电话：010-66267926　66267928
个人观众可通过网上（www.cfm119.com）、电话预约或现场申领票券 3 种方式入馆参观；防火防灾体验馆只接受现场预约领票，每场限制人数为 40 人

清代消防水龙

第一辆国产消防车

走进博物馆

北京地区博物馆大全

Museums in Beijing Area

总体概述

中国消防博物馆（国家防火防灾教育基地）是由公安部消防局筹建，2010 年 11 月向社会开放的消防行业唯一的国家级主题博物馆。馆内分别收藏、陈列有北京山顶洞人用火遗迹化石、甘肃大地湾建筑火灾木炭、商代火灾记录甲骨残片、汉代"东井灭火"井栏陶器、唐代琉璃鸱吻、清末水会灭火器具、近代消火栓和不同时期的消防员装备等反映各个历史时期人们识火、用火、治火和重大火灾的历史遗存和实物。该馆防火防灾体验馆中分别设置了城市消防规划、建筑消防设施、火灾体验剧场、火场逃生疏散、家庭火灾灭火、119 电话报警、地震应急避险、地铁火灾疏散等多个体验项目，是观众认识火灾危害、学习消防知识、提高消防素质的绝好去处。

展览导引

中国消防博物馆展陈面积 9500 平方米，分为 4 层。一层为序厅和临时展厅；二层为古代消防展厅；三层为近现代消防展厅；地下二层为防火防灾体验馆。

馆藏珍品

清代消防水龙：中国消防博物馆收藏的这台水龙，是清末天津市静海县独流镇民间消防组织"乐安水会"所使用的灭火工具，雕工精美，功能齐全。救火实战中，水龙一端接至水源，在水龙两侧用力按压杠杆即可喷水灭火，通常由 1 人指挥，4～6 人操作。据测算，喷射距离可达 15～30 米。

相关点评

火，亘古有之。善用之则为福，不善用之则为祸。中国消防博物馆寓教于场景，寓教于体验，深刻阐明了"防为上、救为下、戒次之"的道理。进馆参观体验一次，就能了解消防文化，学习消防知识，保障、维护自身与公共消防安全。

中国传媒大学传媒博物馆

⌂ 北京市朝阳区定福庄东街1号中国传媒大学新图书馆负一层
☏ 010—65783696
🚌 公交车728、312、397、649、810路梆子井站下车，或639、731、648、411、488、364路定福庄站下车可到；地铁八通线至传媒大学站下车进传媒大学南门
🚗 自驾车走京通快速往东，至双桥掉头直约2000米进入定福庄东街从中国传媒大学西门入校；或走朝阳路至定福庄东街从中国传媒大学西门入校
🕘 周一至周五，9：00—16：30
💲 免费
✉ 零散观众现场领票；团体观众须提前电话预约，预约咨询电话：010—65783696-806

总体概述

中国传媒大学传媒博物馆2012年10月26日开馆试运行，是国内首家集传媒历史与文物、传媒产品与展示、传媒教育与研究、传媒技术与陈列"四位一体"的专业性博物馆。依托中国传媒大学的教学和科研优势，传媒博物馆将学校多年收藏的传媒行业实物和史料进行公开展示，种类以广播、电视、电影、无线电等相关设备为主，主要展示我国广播、电视、电影、无线电传输事业的历史发展和取得的辉煌成就。

展览导引

中国传媒大学传媒博物馆一期展览面积2500平方米，主要由广播馆、电视馆、电影馆、传输馆4个分馆组成，分为广播一厅、二厅，电视一厅、二厅、三厅，电影一厅、二厅和传输馆以及传媒科普走廊，形成了"四馆八厅一走廊"的格局。目前以广播馆和电视馆的5个展厅为核心。电影馆和传输馆目前正在建设中，预计2013年对外开放。

馆藏珍品

熊猫1502特级收音机：南京无线电厂为1959年国庆10周年特别制作的国庆献礼机，集收音、扩音、唱机于一体，是新中国第一批特级收音机。

熊猫1502特级收音机

英雄牌228-2晶体管电视机：1970年由上海国光口琴厂制造，是新中国生产的第一批晶体管电视机。

柯达EIGHT 30型8毫米电影放映机：1929年由美国柯达公司生产，是早期8毫米电影放映机中的经典作品。

相关点评

中国传媒大学传媒博物馆集知识性与趣味性于一体，观众通过参观展览了解中国广电事业发展史。这种学习生动活泼，寓教于乐，使观众在愉悦的体验中不知不觉地吸收了知识。传媒博物馆里展示的那些不同年代的收音机、电视机，让曾经追求、使用过这些老物件的观众产生浓浓的情感共鸣，勾起他们对过往岁月的追忆；而应用最新技术的电子视听产品，又引发了观众对广播电视未来发展前景的遐思。

柯达EIGHT 30型8毫米电影放映机

自然科学类博物馆

Science & Technology

129

让我们一起走进 **博物馆**

文化艺术类

博物馆

Culture & Arts

中国美术馆

- 北京市东城区五四大街1号
- 010-64006326
- 公交车101、103、104、104快、108、10、111、112、420、8、803、810、814、84 路美术馆站下
- 自驾车沿东四西大街、五四大街直行可到
- 9：00—17：00（16：00 停止售票）
- 免费开放

总体概述

中国美术馆是以收藏、研究、展示中国近现代艺术家作品为重点的国家造型艺术博物馆。1963年6月，毛泽东主席题写"中国美术馆"馆额，明确了中国美术馆的国家美术馆地位。

建馆40多年来，中国美术馆共举办各类美术展览及国内外著名艺术家作品展览3100多个，接待观众数百万人次，已成为向大众实施美育的重要艺术殿堂。

展览导引

美术馆主体大楼为仿古阁楼式，黄色琉璃瓦大屋顶，四周廊榭围绕，具有鲜明的民族建筑风格。主楼建筑面积22379平方米，一至五层楼共有20个展览厅，展览总面积7000平方米，展线总长2110米。

馆藏珍品

中国美术馆收藏各类美术作品10万余件，以新中国成立前后的作品为主，兼有民国初期、清代和明末艺术家的杰作。藏品主要为近现代美术精品，其中有对20世纪中国传统绘画产生重要影响的画家及作品，仅齐白石的作品即有410件，另包括任伯年、吴昌硕、黄宾虹、徐悲鸿、李可染、蒋兆和、司徒乔、吴作人、罗工柳、吴冠中等人的作品，还包括大批中国著名美术家的代表作品和重大美术展览中的获奖作品，以及丰富多彩的民间美术作品。收藏品类有绘画、雕塑、陶艺、民间美术数十个品类，其中包括年画、剪纸、玩具、皮影、彩塑、演具、木偶、风筝、民间绘画、刺绣等民间美术品。

展品

中国美术馆外景

北京艺术博物馆

🏠 北京市海淀区西三环北路万寿寺内
☎ 010-68456997
🚌 公交车 74、300、323、323快、362、394、617、620、658、699、944、967、特5、特8内、运通103、运通108、运通109、运通110、运通201 路等万寿寺站下车向南 100 米路东。因博物馆没有停车位，不建议自驾车
🕐 9:00~16:30（16:00停止入馆，周一闭馆）
¥ 20元；大学生、研究生10元（凭有效证件）；北京地区老年人、残疾人、军人、见义勇为者免费（凭有效证件）；北京地区中小学生免费参观
🏷 每周三前200名观众免费参观

总体概述

北京艺术博物馆是收藏、研究、展示古代和近现代艺术品的综合类博物馆，1987年8月正式建馆。

北京艺术博物馆收藏各类艺术品近10万件。2011年，北京市文物局将北京毛家湾出土的瓷器（片）、北京龙泉务窑出土的瓷片（残器）及龙泉务窑遗址出土遗物近百万件，划拨北京艺术博物馆列入馆藏。

清乾隆·仿石釉御题诗双联笔筒

清乾隆·青花竹石芭蕉纹玉壶春瓶

展览导引

北京艺术博物馆依托万寿寺古建筑，由万寿寺正门进入，依次可以参观：山门"洪福齐天"门，数百年古树"春秋树"，描绘乾隆时期万寿寺胜景的《香林千衲图》（复制品），万寿寺正殿大雄宝殿、万寿阁、三大士殿等。在寺院中路鼓楼内，现展出"万寿寺历史沿革展"，将两侧厢房及大禅堂分别作为引进艺术展馆、绘画艺术馆，举办各类艺术珍品展览。

近年来，推出了"青花的记忆——元代青花瓷文化展""毛家湾出土瓷器珍品展"等展览，引进了西班牙、日本等国的艺术展，推出了"中国古瓷窑"项目，出版了《中国古瓷窑大系》图书。

馆藏珍品

清乾隆·仿石釉御题诗双联笔筒：此器为两个方形笔筒套联而成，俯视呈"方胜"形，独特鲜见。除四面开光外，通体内外满饰仿卵石釉，形象逼真、惟妙惟肖。开光内分别以篆、隶、楷、行4种墨彩字体书写乾隆御制诗文，每篇诗末均落有乾隆红彩印章。笔筒底部书"大清乾隆年制"金彩六字三行篆书款，为宫中御用珍品。

相关点评

这组历经400多年沧桑的集寺庙、行宫、园林为一体的古建群落经修缮、复建，再现了"京西小故宫"的辉煌，成为北京艺术博物馆的标志性展品。

文化艺术类博物馆

Culture & Arts

北京石刻艺术博物馆

- ⌂ 北京市海淀区白石桥五塔寺 24 号
- ☎ 010-62173543
- 🚌 公交车 319、17、645、运通 105、运通 106、运通 205 路等到国家图书馆站下车；地铁 4 号线国家图书馆站下车，C 口出，沿长河北岸往东走 500 米可到
- 🚗 自驾车经首都体育馆往北，沿长河北岸往东即到
- 🕐 9：00—16：30（周一闭馆）
- ¥ 20 元，大学生 10 元（凭有效证件）
- SALE 北京市中小学生免票；每周三免前 200 张门票
- ❗ 收费项目：石刻传拓，按门市价（须提前 2 天预约，参加上述活动可免门票）

走进博物馆

北京地区博物馆大全

Museums in Beijing Area

总体概述

北京石刻艺术博物馆是一座以收藏、研究、展示北京地区石刻文物为主的专题性博物馆，设于明代古刹真觉寺遗址内，寺内的真觉寺金刚宝座1961年被国务院批准为第一批全国重点文物保护单位。1987年10月成立了北京石刻艺术博物馆。

展览导引

馆内展陈分露天陈列和室内陈列两部分。露天陈列按顺时针方向依次为墓葬石雕、墓志碑廊、寺庙碑区、浮雕碑廊、祠墓碑区等。室内陈列位于后罩楼一层，分为"北京石刻文化展""北京石刻精品展""北京地区石刻调查、保护成果展"3个部分。"真觉寺金刚宝座历史文化展"位于金刚宝座塔室内。金刚宝座西侧新建金石走廊临时展厅，不定期展出该馆的文物藏品及广大艺术家、艺术爱好者的作品。金刚宝座东侧新建金石书院，经常聘请国内相关专家、学者、画家、艺人、刻手、技师讲授传统文化课程，书院的"石刻坊"科普教室以拓片实践为主要活动内容，长期开展拓片技法教学，书院还设有图书资料馆为公众提供图书和馆藏拓片的阅览服务。

馆藏珍品

明·金刚宝座式塔：创建于明成化九年（1473年），根据西域番僧班迪达朝贡金佛及金刚宝座建筑式样，皇帝颁诏，赐地，依照印度佛陀伽耶大菩提寺塔营建。该塔在我国现存同类形式塔中是历史最为悠久，雕刻最为精美的。

东汉秦君阙石构件：1964年出土于北京石景山区老山，柱表隶书"汉故幽州书佐秦君之神道"，被誉为北京第一古石刻。阙是汉代的一种纪念性建筑，有石质"汉书"之称，是我国古代建筑的"活化石"。

相关点评

该博物馆按照金石学和馆藏品分类特点，结合遗址的露天环境，营造清新雅致的参观氛围，为公众提供了研究历史、欣赏艺术、追求人文之美的学习、休闲场所。博物馆的陈列系统地展示了北京地区石刻文化，突出了知识性和艺术性，使公众在轻松的游览参观中获得石刻文化的享受。

明·金刚宝座式塔

徐悲鸿纪念馆

🏠 北京市西城区新街口北大街 53 号
ℹ️ 纪念馆现正在原址进行改扩建工程，预计 2014 年左右重新开放

《群奔》（1942年）

总体概述

徐悲鸿作为中国现代美术事业的奠基者，以他伟大的爱国主义精神、杰出的艺术成就和对中国美术事业的卓越贡献，深为世人敬仰。徐悲鸿纪念馆是中国政府在徐悲鸿故居上建立的第一座美术家个人纪念馆。

馆藏珍品

唐代白描人物手卷《八十七神仙卷》：唐代画圣吴道子的白描人物手卷，经历了失而复得的艰苦历程，徐悲鸿将其视为"悲鸿生命"。

徐悲鸿国画《愚公移山》：徐悲鸿于1940年为激励人民抗战的意志和争取胜利的信心而创作的国画。

徐悲鸿油画《田横五百士》：徐悲鸿作，取材于《史记》的秦末农民起义，田横一家也是抗秦的部队之一。这是一幅歌颂战贱不移、富贵不淫、威武不屈精神的油画。

相关点评

徐悲鸿（1895—1953年），我国著名画家、美术教育家，擅画马。他笔下的马寄托喜、怒、哀、乐的感情，昂扬激奋，富有风骨，是中国乃至世界美术作品中的杰作。徐悲鸿的马用大写意的淋漓笔墨去表现，给人一种豪放雄浑的美感。在笔墨运用上，他既细致严谨，又粗犷豪放，如画马的鼻孔、胸肌以及骨关节等处，用缜密严谨之笔刻画，而被风吹拂的鬃毛和马尾以及马的轮廓用阔笔、粗点笔浓墨或焦墨挥洒，使所画之马既有整体美，又有笔墨情趣。他还吸收了传统的没骨技法，将西画重透视、讲究明暗变化、注重解剖结构等技法融入画马之中。飞扬的马鬃和马尾，常用硬笔扫出，既有质感，又有墨色的干湿互现。

徐悲鸿印款，一般是早年"悲鸿"二字用楷书，中年用行书。"悲"字的写法，早年"悲"字下"心"字较长，晚年"心"字越来越短。常用印章有"徐""徐悲鸿""东海王孙""江南布衣"等。

炎黄艺术馆

🏠 北京市朝阳区亚运村慧忠路9号
☎ 010-64912902
🚌 公交车108、328、358、387、406路炎黄艺术馆站下
🚗 自驾车自北四环安慧桥沿安立路向北直行，过慧忠路右侧可到
🕙 10：00—16：00（周一闭馆）
¥ 免费免票

馆徽

总体概述

炎黄艺术馆由著名画家黄胄发起创建，是我国第一座民办公助、集展陈和研究为一身的文化公益设施。艺术馆1991年9月正式对外开放，建筑面积9600平方米，展厅面积3300平方米。炎黄艺术馆遵循百花齐放、百家争鸣、推陈出新的文艺方针，收藏以当代中国画为主，同时收藏古代文物、书法、绘画等艺术品；提供场地举办展览；开展中国画鉴赏研究；开展国际、国内艺术交流；举办弘扬民族艺术讲座等活动。

展览导引

为缅怀和纪念黄胄先生，该馆专门开辟了黄胄专题艺术陈列展，为喜欢、鉴赏、研究黄胄绘画艺术的广大观众提供方便。

馆藏珍品

大师真迹： 在这里可以欣赏到洋溢着浩然之气和浓郁民族精神的黄胄作品及任伯年、蒋兆和、李可染、董寿平、彦涵等近代和现代中国画大师的真迹。

相关点评

炎黄艺术馆的设计理念具有鲜明的民族文化特色，建筑造型吸取了唐宋时期的建筑风格，并采取非对称格局。屋顶采用门头沟茄皮紫色琉璃瓦，檐口瓦当饰以"炎黄"二字图形纹样；外墙以北京西山民居常用的青石板贴面，基座正门侧壁均为卢沟桥的蘑菇石砌成。艺术馆的正门是中国人民解放军兵器部7312厂用废炮弹壳熔铸而成的大铜门，上镌有"说唱俑""唐三彩""簪花仕女"等古代艺术珍品的图案浮雕。小展厅和底层入口处的两樘铜门为中国台湾文化界、企业界人士捐赠，图案是"吉祥双凤"与"和氏璧"。炎黄艺术馆的馆徽也具有鲜明的民族艺术特色。馆徽为一彩带环绕中的两个相对的甲骨文的"艺"字，象征"炎黄艺术馆"的瑰丽多彩。整体设计简明、概括，表现手法上富有现代感，民族文化特色鲜明。

《赛牛图》

走进博物馆

北京地区博物馆大全

Museums in Beijing Area

中国佛教图书文物馆

🏠 北京市西城区法源寺前街7号
📞 010-63554682
🚌 公交车6、48、57、109、715、特5路菜市口西站下，从西砖胡同向南600米；10、48、88、717路牛街礼拜寺站下，向东穿过春风小区；地铁4号线菜市口站下，西南口（D口）出
🕐 8：30—15：30（无休息日）
💰 5元

法堂

总体概述

中国佛教图书文物馆1980年成立，位于法源寺内，为中国佛教协会所属的收藏、展示和研究佛教文物、古籍的专题博物馆，馆藏佛教类文物14万件，其中一级文物760件。该馆地处闹市而幽静，林木葱郁，丁香、海棠、玉兰、七叶、文冠果等树历史渊源悠久。

展览导引

大悲坛内设历代佛经版本展室，展出唐人写经，五代人写经，宋版《开宝藏》《思溪藏》《碛砂藏》，金版《赵城藏》，元版《普宁藏》，明版《南藏》《北藏》《嘉兴藏》，以及传世唯一残本《武林藏》和清版《龙藏》等经本。此外还展出梵文贝叶经和西夏文、回鹘文、傣文、藏文、蒙文等少数民族文字的经本。藏经阁楼上珍藏明《北藏》《嘉兴藏》和清《龙藏》以及西藏文《大藏经》和全部房山石经的拓片。楼下是历代佛菩萨造像展室。迎门一尊巨大卧佛，长7.4米，是北京现存最大的明代木雕卧佛。其两侧陈列五代后唐长兴三年（932年）的陶幢和陶塔，1977年出土于房山北郑村一座辽塔内。塔为八角形13层密檐式实心砖塔，残高21.3米，由于年久失修，突然倒塌，才被发现。一般经幢多为石制，八棱形，此幢为陶制，圆形，又是塔内的装藏物品，实属罕见的珍贵文物。展室四周，分别陈列东汉、三国、北魏、北齐、隋、唐、五代、宋、辽、金、元、明、清等历代佛、菩萨造像。铜、铁、石、木、泥、砖、陶、瓷、牙、松石、琉璃等各类造像均有，其中以宋代罗汉、元代青铜自在观音、明代法华三彩瓷观音和铸铜千手千眼观音最为名贵。

相关点评

该馆馆址法源寺已有1000多年历史，与多件重大历史事件均有关联。唐太宗、唐高宗、武则天3位皇帝首建此寺，安禄山、史思明均于此建过佛塔，北宋宋钦宗被金国俘虏押解途中曾囚禁于此，金代此处曾为策试女真进士的考场，南宋遗臣谢枋得被元朝劫持关押于此时宁死不屈绝食而亡，谭嗣同等"戊戌六君子"就义后遗体停放于此，年轻时的毛泽东和杨开慧曾于此为杨昌济守灵。

文化艺术类博物馆

Culture & Arts

雍和宫藏传佛教艺术博物馆

⌂ 北京市东城区雍和宫大街12号
☎ 总机（语音服务电话）：010-64044499，办公室：84015354，导游预约、咨询服务：64074951，游客服务中心：64044499-251，佛事接待办：64036577，开光处：64044499-272
🚌 公交车13、684、116、117路雍和宫站下可到；地铁2号线、5号线雍和宫站下可到
🚗 自驾车北二环雍和宫桥向北300米可到
🕐 冬季（11月1日-3月31日）：9：00—16：00　夏季（4月1日-10月31日）：9：00—16：30
¥ 25元
🎫 全日制大中小在校生、外国留学生、60岁以上老年人、享受本市社会最低生活保障者半价（凭有效证件）；1.2米以下儿童、离休人员、残疾人和持有北京市佛协居士林颁发的居士证者免票（凭有效证件）

牌楼

走进博物馆

北京地区博物馆大全

Museums in Beijing Area

释迦牟尼佛重返人间唐卡

总体概述

雍和宫藏传佛教艺术博物馆位于紫禁城东北方，是北京保存完好的著名藏传佛教寺院。历史上，雍和宫曾是清代雍正、乾隆两代帝王的在潜之居，建于康熙三十三年(1694年)，雍正三年(1725年)改为行宫，称"雍和宫"，乾隆九年（1744年）改为藏传佛教寺院。雍和宫是举行重大佛事活动、培养宗教人才的重要场所，是中原地区联结青藏、蒙古高原的一条宗教纽带，成为满、汉、藏、蒙等兄弟民族之间文化交流、人才交流的一座桥梁。雍和宫收藏的文物分为法物、法器、佛像、唐卡、木器、经书、经板、瓷器、服饰、杂项等几大类，它们是雍和宫文物宝库中独具魅力的珍宝，具有丰富的内涵和极高的历史与艺术价值。

雍和宫于1961年被国务院列为第一批全国重点文物保护单位，1981年正式对外开放，1995年被北京市文物局批准为雍和宫藏传佛教艺术博物馆。

展览导引

雍和宫由三座牌坊与雍和门、雍和宫殿、永佑殿、法轮殿、万福阁、绥成殿组成，另外还有东西配殿、"四学殿"（药师殿、时轮殿、密宗殿、讲经殿）及班禅楼、戒台楼两个文物陈列室，建筑布局完整、巍峨壮观。

雍和门大殿门扉之上的金色门钉，共九九八十一颗，是皇权的象征。门楣上的匾额为满、汉、藏、蒙4种文字镂刻，其中汉文为乾隆帝所书。

雍和宫中路第四进大殿是法轮殿，其建筑风格是将西藏"唐古特式"与汉地歇山顶式的建筑融为一体。大殿屋顶上有5座天窗，天窗之上有镏金宝顶，宝顶四周挂有风铃。

馆藏珍品

释迦牟尼佛重返人间唐卡：描绘了释迦牟尼佛在农历九月二十二日从天宫返回人间为大众说法的情景。

绿度母堆绣唐卡：是乾隆皇帝母亲孝圣皇太后钮祜禄氏和宫女以色泽各异的绸缎绣制而成的。

四体文"喇嘛说"石碑：位于雍和宫第二进院落的碑亭内，汉文为乾隆皇帝御笔，碑文详细阐述了活佛转世以"金瓶掣签"形式确定下来的缘由。

照佛楼内金丝楠木佛龛、法轮殿内紫檀木五百罗汉山以及万福阁内18米高的白檀木大佛：是为雍和宫"木雕三绝"。其中18米高的白檀木弥勒大佛是在乾隆十五年（1750年），第七世达赖喇嘛以大量宝物从尼泊尔换得一棵高约26米的巨大白檀木，历经三载运至雍和宫，由皇宫养心殿造办处及中正殿工匠共同雕刻而成。

相关点评

雍和宫的佛事活动分两部分，一、每月农历初一、初十、十五及月末的最后两天上午9：00—10：30为例行法会。二、佛教节庆日主要有：农历正月二十三至二月初一日举行的"大愿祈祷法会"；农历四月十三至四月十五日的"浴佛节"；阳历九月二十四日至九月三十日举行的大威德金刚坛城法会；农历九月二十二日举行的"释迦牟尼重返人间法会"；农历十月二十五日举行的"宗喀巴大师上师供法会"；农历十二月初八，为纪念释迦牟尼成就佛道，雍和宫举行舍粥活动。其中以每年农历正月底举行的"大愿祈祷法会"中的金刚驱魔神舞（俗称"打鬼"）最为著名。

金丝楠木佛龛

绿度母堆绣唐卡

白檀木弥勒大佛

中央民族大学民族博物馆

- 北京市海淀区中关村南大街 27 号中央民族大学院内
- 010-68933425 68933341
- 公交车 319、320、332、608、614、634、645、653、717、332、320、特 4、特 6、运通 105、运通 106、运通 205 路中央民族大学站下；地铁 4 号线国家图书馆站下，中央民族大学院内西南角
- 自驾车由北三环四通桥向南，沿中关村南大街直行约 1900 米，路西可到
- 8：30—11：30，14：00—17：00（周一、二、四全天开放，周三、五上午开放，寒暑假和国家法定节假日闭馆）
- 10 元；学生、军人、老年人、残疾人免费（持有效证件）；通票仅限每周二、四使用，免票 2 人次
- 团体参观须提前 3 天预约；团体免费讲解，个人无讲解

走进博物馆

北京地区博物馆大全

Museums in Beijing Area

总体概述

中央民族大学民族博物馆始建于1951年，是以全国56个民族的文物为主要收藏、展示和研究对象的民族学专业博物馆。馆藏有各民族文物2万多件（套）。

民族博物馆藏品以各民族民间传统服装、装饰品居多，充分反映了中国各族人民在纺织、印染、刺绣、皮革鞣制等方面的卓越才能和精湛技艺。此外，藏品中也不乏史前的彩陶罐、东汉的铜鼓和明清时期的佛像、唐卡、祖图、天路图、贝叶经、东巴经等具有很高历史与艺术价值的珍品；新中国成立初期各族人民赠给党和国家领导人的礼品，也具有重要的政治意义和历史价值。尤其值得一提的是，本馆收藏的台湾少数民族文物，无论数量还是质量，在国内同类博物馆中都居于领先地位。

展览导引

中央民族大学民族博物馆位于中央民族大学院内西南部，主体建筑为4层灰色楼。馆内常设展览包括"北方民族服饰文化"和"南方民族服饰文化"，分别位于博物馆一层南部东、西两侧；"中国少数民族头饰文化"和"宗教文化"展厅，分别位于博物馆二层南部东、西两侧；专题展览"中央民族大学校史展"位于博物馆一层北部；"台湾少数民族文物展"位于博物馆二层北部；"少数民族古文字陈列展"位于博物馆三层。

馆藏珍品

贯头麻布贝珠衣：清代台湾高山族泰雅人服饰，每件衣服需用手工磨制贝珠几万至十几万颗之多，它是权力、地位和财富的象征，只有头目、族长或猎首最多的勇士才能穿用。

相关点评

中央民族大学民族博物馆是海淀区爱国主义教育基地、青少年校外教育基地、北京市唯一的全国民团结进步教育基地，它已成为社会公众和广大中小学生接受民族传统文化和民族团结教育的重要课堂。民族博物馆还建有大学生志愿者中心，有优秀的各民族大学生志愿讲解员提供讲解服务。

贯头麻布贝珠衣

中央美术学院美术馆

⌂ 北京市朝阳区花家地南街 8 号
☎ 010-64771575
🚌 公交车 944、132、471 路花家地南街站下车可到
🚗 自驾车从望京桥出发，沿京西路、阜通西大街、花家地南街行驶可到
⏰ 新馆：9：30—17：30（17：00 停止售票，周一闭馆）
   石膏雕塑陈列馆：9：00—16：00（周六、日闭馆）
   教学展厅：9：00—16：00（周六、日闭馆）
¥ 15 元，优惠票 10 元（此票可同日内参观美术馆及院内展厅）
🎫 12岁（含12岁）以下参观者、残障人士、中央美术学院学生及教职工免票（凭相关证件。遇特别展览时，此免票方法另行发布）
❗ 优惠办法：优惠票10元，享受范围：13岁（含13岁）以上学生，凭学生证。
国内、国际参观团体（10人以上）集体参观，提前预约，按约定的时间凭证明购票参观。美术馆为20人以上团体参观提供免费讲解服务。请登录美术馆网站（www.cafamuseum.org）预约。咨询电话：010-64771575

美术馆鸟瞰图

涵括诸艺术门类，体现着中央美术学院广阔的视野和深厚的学术积累。另外，新馆专设藏品库和修复室，从软件和硬件两个方面，对藏品实施全方位的保存、修复和研究。

总体概述

中央美术学院美术馆立于中央美术学院院内，由中央美术学院美术馆新馆、石膏雕塑陈列馆和教学展厅三部分组成。美术馆的馆史可追溯至20世纪50年代初，原坐落于北京市王府井帅府园校尉胡同中央美术学院旧址，由著名建筑师张开济先生主持设计，是新中国成立后建造的第一座专业美术展览馆。1998年由中央美术学院陈列馆更名为中央美术学院美术馆。2010年底被评为首批"全国重点美术馆"之一。

中央美术学院美术馆新馆于2008年10月正式对外开放，由日本著名建筑师矶崎新主持设计。新馆功能现代化，涵盖展览陈列、典藏修复、学术研究和公共教育等方面。

中央美术学院美术馆现有藏品约1.3万件，主要包括西方著名油画大师的经典原作及临摹品，中国汉唐宋元明清的雕刻书画，近现代、当代著名艺术家的代表作品，以及建院以来历届毕业生的优秀作品，涉及古今中外，

展览导引

新馆建筑在中央美术学院南区校园内，全馆共分地上四层和地下两层。一至四层展厅设计兼顾传统展示与当代展览，为主要展览空间。一层设有可容纳380人的学术报告厅，并为观众提供咖啡厅、寄存处、艺术品商店等舒适的公共空间。二层主要展出馆内所规划的常设陈列展，包括馆藏精品展以及重要艺术家专题展等。三层为专题展厅，主要承办国内及国际的特展和大型活动。四层展厅多承办国际特展、专题展

文化艺术类博物馆 Culture & Arts

《半裸女像》布面油彩

《双男人体》纸本油彩

《戴珍珠项链的女人肖像》布面油彩

展厅位于学院5号楼，主要用于展示学院教学与科研成果。

馆藏珍品

《半裸女像》：这幅油画作品尺幅很大，高90厘米，宽116.5厘米。画面恬静、优美，油画整体画面保存尚好，创作年代约1909年前后，即李叔同留学日本期间。画作在百年之后的今天，依然栩栩如生，用笔灵动，色彩凝练，是中国早期油画作品中的大型之作，极为难得。现在李叔同存世的作品非常稀少，据传确切的仅有3件。

《双男人体》：这幅作品由中国现代绘画大师、美术教育家徐悲鸿创作于20世纪20年代至30年代。徐悲鸿从正、侧两个角度写生模特，并将其展现于同一画面之中，记录了作者运用油画语言对人体结构、空间造型的研究与学习过程。这幅作品是研究徐悲鸿油画语言与教学的精彩力作和珍贵范例。

《菊酒延年》：此幅立轴为人民美术家齐白石作品，高133厘米，宽68厘米，尺幅之大，十分难得。画面中钤印"悔乌堂""借山老人""齐璜夫子""人长寿"。画面左侧题有"戊子八十八岁白石老人制于京华"。这件花鸟画作品兼工带写，菊花

的画法是典型的"红花墨叶"派，用色鲜活而厚重，菊篮的画法取中国篆书与青铜器拓片之所长，笔墨劲道，力透纸背。菊篮手柄之上的蝗虫描绘极其精致生动，头部的触角和腿部的须针都一一刻画到位，尤其是对背部翅膀透亮质感的掌握，足见白石老人笔墨功力之深厚。

《戴珍珠项链的女人肖像》：居斯塔夫·库尔贝是法国19世纪现实主义绘画的代表人物。这件作品中，艺术家库尔贝通过稳定的正三角形构图，以及对圆润晶莹的珍珠、质感华丽的礼服、温婉自信的眼神的一丝不苟的刻画，突出了贵妇人优雅端庄的形象。从画风判断，应为库尔贝在1865年至1869年间所创作的肖像作品。画面右下角有库尔贝的亲笔签名。

览及活动。

　　石膏雕塑陈列馆和教学展厅自2001年中央美术学院新校区建成后投入使用。石膏雕塑陈列馆长期陈列40余件馆藏石膏雕塑，主要为学院素描教学及学术研究使用，同时也对外开放，供广大艺术爱好者参观学习。教学

《菊酒延年》纸本设色立轴

北京红楼文化艺术博物馆

北京市西城区南菜园街 12 号
010-63544993　83552933
公交车 56、59、122、423、939、特 3、特 12 内、运通 102 路大观园或大观园西门站下可到
自驾车南二环自西向东过开阳桥后进入右安门东街和右安门西街，沿右安门西街直行 700 米可到
白天：7：30—16：30　票价：40 元
晚间：18：30—21：00　票价：70 元（每年 4 月 15 日至 10 月 15 日）
学生、老年人半价（凭有效证件）；离休者、老年优待卡持有者、残疾人、现役军人免费（凭有效证件，春节庙会期间除外）

滴翠亭

总体概述

北京红楼文化艺术博物馆是依据我国文学名著《红楼梦》描述而建造的明清古典园林，位于城区西南隅护城河畔。1985 年建成对外开放，1996 年成立"北京红楼文化艺术博物馆"，在占地 11 公顷的公园内，殿宇、庭院、自然景区 40 余处，其间树木花卉、珍禽异兽、圆亭方厦、玲珑山石、木石桥梁点缀成趣，蔚然成了一座具有景色之美、结构之精、布局之巧，令人叹为观止的艺术园林典范。

展览导引

省亲别墅为红楼文化艺术博物馆的主景建筑，共有 5 个展厅。第一展厅：元妃省亲馆；第二展厅：大观园馆；第三展厅：红楼文化艺术馆；第四展厅：曹雪芹家世生平馆；第五展厅：红学著作及研究馆。

馆藏珍品

曹雪芹铜制头像：由著名雕塑家钱绍武先生创作，重 2 吨，置放在曹雪芹家世生平馆内。

相关点评

北京红楼文化艺术博物馆是 1984 年为拍摄 36 集电视连续剧《红楼梦》，经红学、古建、园林、清史、文博专家共同商定，采用中国古典建筑技法及传统造园技艺建造。其建筑格局、山形水系、植物配置、小品点缀、匾额楹联力求忠实原著时代风尚和细节描绘。经 20 余年发展建设，现已成为具有古典园林外观、红楼文化内涵、旅游经济属性、博物馆功能齐全的旅游活动场所。

文化艺术类博物馆

Culture & Arts

省亲牌坊

中国国家画院美术馆

- ⌂ 北京市海淀区西三环北路 54 号
- ☎ 010-68411369
- 🚌 公交车 74、77、118 电车、323、374、394、437、617、620、658、944、944 支、967、968、运通 103、运通 108、运通 201 路紫竹桥南站下车，或花园桥北行 600 米可到；地铁 6 号线花园桥站下，北行 600 米路东可到
- 🚗 自驾车西三环花园桥沿辅路向北直行，第二个过街天桥北路东可到
- 🕐 9：00—16：30（16：00 停止入馆，周末正常开放，无展览时闭馆）
- ¥ 免费免票
- ❗ 提示：展览展讯可登录网站（www.Chinanap-gallery.org）或电话查询

一层小厅

总体概述

中国国家画院美术馆是中国国家画院文化建设的形象窗口，是中国国家画院内学术建设向外延伸的桥梁与纽带，是集展览、收藏、研究、交流等多项功能为一体的职能部门。1984年中国画研究院从临时院址颐和园藻鉴堂迁入现址，成立了中国画研究院展览厅。1986年1月，展览厅改称中国画研究院展览馆，2004年更名为中国画研究院美术馆，2006年更名为中国国家画院美术馆。

展览导引

中国国家画院美术馆展馆面积约1900平方米，展线400米，有5个展厅及贵宾厅。馆内有活动、方便的拆装展墙，其中灯光、温度、湿度还有墙面的静音功能都符合国际美术馆标准，馆内设备科学，外廊设有画廊、书吧，以人性化的服务完善了美术馆的建设，是重要的对外展示窗口。

相关点评

中国国家画院美术馆以"人才兴馆，学术立馆，科学管理，人性服务"的办馆宗旨服务于社会。作为中国国家画院的下属机构，中国国家画院美术馆以国家画院的学术导向为前提，以中国美术的发展为准绳，在展览展示上强调展览的学术性、结构性、可读性等。展览的策划和展出在美术界都引起了极大的社会反响，极大地推进中国传统绘画艺术与当代绘画艺术的发展文脉，展示绘画艺术探索的独特性与多样性，以及艺术语言的丰富性和创新性，并为艺术团体与社会各界之间提供一个展示、交流中国绘画艺术的平台，有助于当代中国画的创作发展，为弘扬民族文化及推动中国绘画艺术的发展起到一定的积极作用。

美术馆一角

北京中华民族博物院

⌂ 北京市朝阳区民族园路1号
☎ 010-62063646　62063647
🚌 113、607路民族园（西）路下，407路在中华民族园站下车向西，21、380、409、620或653路在北土城西路东口下车向北，386、658、740、939、944、944（支）或656路在北辰桥西站下车向南可到；地铁10号线在北土城站下车，或8号线在奥体中心站下车可到
🚗 自驾车 分别经北辰路、北土城西路、G6京藏高速公路、北三环路、北四环路等均可到达
🕐 8：30—17：30
💰 90元，学生票65元（凭学生证或其他有效证件）；残疾人、60～79岁老人凭相关证件可购买特价票，票价65元；寒假学生票36元，暑假学生票52元；每名执票成年游客可免费携带1.2米以下幼儿1名或80岁以上老人1名入园（老人凭有效证件）；博物馆学会会员凭会员证可买特价票，票价65元；20人以上团体，凭单位介绍信可到团体售票处购买团体票
❗ 参观园中藏族坛城票价2元

南园景观

总体概述

北京中华民族博物院位于北四环中路，占地50公顷，是国内唯一一座以露天形式复原、收藏、陈列和研究中国56个民族文化、文物、社会生活的大型人类学博物馆。其宗旨是展现民族建筑，保护民族文物，传播民族知识，研究民族遗产，弘扬民族文化，促进民族团结。

傣族泼水节

中华民族博物院基础建设分两期（南园、北园）进行，北园一期工程1994年6月建成开放，南园二期工程2001年9月建成开放。博物院主体建筑是中国56个民族的56座博物馆，拥有传统民族建筑430座，综合主展厅1座，馆藏文物10万余件。所有民族建筑，均按民族地区代表性传统民族建筑1∶1比例，由民族工匠按该民族建筑工艺和传统习俗，使用当地原材料建造。

白族弹唱

展览导引

中华民族博物院有两个出入口，分别是北园南大门和南园南大门。园内由一条闭合主干道和若干分支小路串联起各民族分馆和景点，参观路线

文化艺术类博物馆

Culture & Arts

可以自由选择。56个民族博物馆民居内外环境均按该民族传统生产、生活原貌陈列，陈列品征集自全国各民族地区。位于南园的主展厅目前陈列有大型综合性历史实物展览"庶民——我们的历史我们的根"（13个专题）；白族四合五天井院落陈列有综合实物展览"中华百姓传统生活饰品展"（22个专题）。展品涵盖中国各民族百姓传统生活、生产、文化、艺术、娱乐等内容。

撒拉族宣礼楼

畲族廊桥

馆藏珍品

撒拉族宣礼楼：撒拉族清真寺宣礼楼原建地为青海省循化撒拉族自治县白庄乡上白庄村，为清代晚期建筑，整体建筑结构完整，保存良好，于2003年拆迁至中华民族博物院，原旧复旧复原落建。宣礼楼为砖木结构，长6.2米，宽6.2米，高18米，为明代楼阁式建筑。楼高三层，一层青砖砌筑，四面镶嵌砖雕，以植物花卉为主，饰以几何图案；二层纯木结构，采用明式楼阁的木斗拱和木栏杆形式；三层宝顶结构，由6根直径1.2米的木柱从底层直通顶部，楼顶六角形飞檐，小青瓦覆盖。

畲族廊桥：畲族廊桥始建于清康熙三十五年

（1696年），至今有300多年历史，原建于浙江省景宁畲族自治县英川镇，为县级文物。该桥于2002年因当地水利工程拆除，2005年运至中华民族博物院原旧复旧落建。桥高8米，宽5米，长72米，单跨27米，桥屋15间，桥中西侧设悬空厢式神龛，供奉木雕关公立像一座。廊桥柱架为抬梁式，伸臂起拱，全部由直径35厘米、长12米的圆木构成。桥屋为木结构歇山顶，上覆小青瓦；桥基青石砌筑。

相关点评

撒拉族宣礼楼，明显

呈现我国明朝时期宫殿建筑风格，是典型的中西结合产物，体现出撒拉族从中亚地区移居中国黄河流域后，受居住区域文化影响而形成的宗教建筑文化风格。

畲族廊桥以北宋时期盛行于中原的虹桥技术建造，与《清明上河图》中的汴水虹桥属同一结构类型。20世纪70年代末，发现古代的虹桥技术仍保留在浙南地区，这种桥梁形式是我国独有的一种大跨度木拱桥，在桥梁建造上具有非常高的科学和文化价值。

观复博物馆

🏠 北京市朝阳区大山子张万坟金南路 18 号
☎ 010-64338887　64337775
🚇 地铁 2 号线东直门站 C 口出，天恒大厦前乘 418、688 路张万坟站下车往回走 100 米可到
🚌 自驾车由城区方向走机场辅路，过五环第二个丁字路口，见"观复博物馆"指路牌右转直行约 2000 米可到
🕙 9：00—17：00（16：00 停止售票）；每周一下午 15：00 停止售票，16：00 闭馆，春节休息 4 天
¥ 50 元
🏷 博物馆通票、老年人、军人、教师、学生、文博从业人员、残疾人半价（凭有效证件）
ⓘ 停车免费，饮水免费。周末和法定假日 10：00 和 14：00 有免费讲解，平时讲解 200 元 / 次

陶瓷馆

家具馆

总体概述

观复博物馆是新中国第一家私立博物馆，1996年10月获政府批准成立，马未都先生为创办人。该馆设有陶瓷馆、家具馆、工艺馆、油画馆、门窗馆、多功能馆和博物馆商店。常年举办各类展览及讲座，开展鉴定和咨询业务。展览侧重开放形式，强调人与历史的沟通，突出传统文化的亲和力。

展览导引

观复博物馆展馆分上、下两层，共展出各门类藏品上千件。一层为陶瓷馆、家具馆、工艺馆和博物馆商店，二层为油画馆、门窗馆和多功能馆。陶瓷馆常年展出中国古代官窑、民窑的瓷器200多件。家具馆分为6个展厅，设有红木家具展厅、紫檀家具展厅、黄花梨家具展厅、鸡翅木家具展厅，并另设一间古代书房，陈列了明清古家具

文化艺术类博物馆

Culture & Arts

的精华共200多件。工艺馆展出古代工艺品200余件。油画展厅展示现、当代中国知名画家的作品及多件现代雕塑。门窗馆是该馆最具特色的展馆，也是全国唯一集中展出古代门窗的博物馆。另外，观复博物馆还不定期举办各类不同形式的特展。多功能馆位于博物馆二层，承办各类展览及讲座。

馆藏珍品

北宋·磁州窑白地黑彩唐草纹梅瓶：强烈对比的白地黑花瓷器，率真、粗犷，体现了民间百姓的审美情趣。这只梅瓶器型硕大，画工娴熟，花草装饰舒展，属磁州窑瓷器精品。

清乾隆·粉彩霁蓝描金花卉大瓶：此瓶尺寸之巨，在乾隆一朝同类品种中实属罕见，尤其在造型变化上，器身呈六瓣，以纬线分割，肩与颈部的对应如意纹凸起，丰满盈目。霁蓝深沉，足金描有数层纹饰，富丽堂皇，一派皇家风范。

清康熙·紫檀雕螭龙纹大画桌：紫檀画桌由于材料昂贵，历朝历代都被社会重视，尤其是体积硕大者，不仅为画家书家喜爱，甚至被许多达官贵人、富商巨贾追捧。这张紫檀大画桌，面板宽度达

98厘米，是已知紫檀画桌中最宽的。

相关点评

"观复"出自老子《道德经》第十六章，原文是："致虚极，守静笃，万物并作，吾以观复，夫物芸芸，各复归其根，归根曰静，静曰复命。"意思是说：达到虚空的极点，安住于甚深的禅定之中；宇宙万物相互运作生长，我们得以观察到它们的本根源头。不论万物如何变化多端，终会回归根本。回归根本称作静，就是所谓的回归其本来自性。"观"即看，"复"即一遍又一遍。世间万物只有静下心来一遍又一遍反复仔细观察，才能认清它的本质。"观复"博物馆由此得名。

北宋·磁州窑白地黑彩唐草纹梅瓶

清乾隆·粉彩霁蓝描金花卉大瓶

清康熙·紫檀雕螭龙纹大画桌

古陶文明博物馆

- 北京市西城区右安门内西街12号
- 010-63538811　63538884
- 公交车19、48、59、89、741路右安门内站下，西行可到
- 自驾车西二环白纸坊桥往东走白纸坊西街，至南菜园街往南，再走右安门内西街至大观园北门，大观国际后200米可到
- 10:00—17:00（周一、周二闭馆）
- 50元
- 团体观众提前3日电话预约；零散观众无须预约
- 老年人、学生、残疾人半价（凭有效证件）；团体参观提供免费讲解

总体概述

古陶文明博物馆是中国大陆首批私立博物馆之一，1997年由收藏家路东之创办，集陶类文物的收藏保护、鉴赏研究、宣教展览、信息传播、艺术创作于一体，最大意义上发现与实现了中华古陶文明的价值和尊严。藏品以新石器时代彩陶及周秦汉唐陶器、战国秦汉砖瓦、秦汉封泥四大系列为主，兼有其他相关领域约3000件出土文物，构成以古陶文明为主脉、以艺术考古为特色的收藏体系，展现一部近乎完整而形象生动的古陶文明史，可以较为全面、系统地反映中华古代文明大河中有关陶的创制、使用和审美。许多藏品属于珍稀孤品，尤其秦封泥部分，是秦文化研究史上又一次重大发现，可视为统一的中国封建王朝的第一部百官表和地理志，是中国百代政治体制的源头档案。

展览导引

常规展览由"彩陶渊薮""瓦当大观""封泥绝响""古陶序列""拆散的结构及其他""文字的美奥"6个专题系列近800件展品构成。与馆藏文物同时展出的还有路东之多种艺术语言的系列作品。

馆藏珍品

汉·金乌瓦当：金乌是中国古代先民代表太阳的图腾。金乌瓦当工艺精湛，气象非凡，它是汉武帝甘泉宫建筑的重要构件，甚至可以说是甘泉宫建筑的标志，而甘泉宫是汉代最重要的宫殿之一。

相关点评

古书说有虞氏上陶。陶器在中国的出现实际远早于唐虞，根据近年考古研究，始源已可上溯至距今万年。通过陶器来探讨中国的古代文明，有着非常广阔的境界，是每一

"封泥绝响"专题展览

"瓦当大观"专题展览

位访问古陶文明博物馆者都会深刻感受到的。古陶文明博物馆自建馆伊始，即以收藏西安相家巷秦封泥闻名。路东之先生与周晓陆教授合编的《秦封泥集》，是相家巷封泥最早的著录专书，对认识秦职官制度至关重要。

何扬·吴茜现代绘画馆

北京市朝阳区金盏乡长店村 1128 号
010-84338157
公交车 672、688、735 路郁金香花园南门站下，西行村委会南 300 米；公交车 364、418 路金盏站下，向西行到长店村委会南行
自驾车机场辅路，经草场地、南皋路，行至长店村村委会南 300 米可到
8∶00—17∶00（周一闭馆）
5 元
学生 2 元（凭有效证件）；军人、老年人、残疾人员等免票（凭有效证件）

总体概述

何扬是职业画家，多年从事美术工作，吴茜是北京画院的专职画家。二人于1997年创建了这所官方批准的第一家私人美术馆。当时馆址在东城区豆瓣胡同25号，曾为法国、德国、西班牙、克罗地亚、日本等国的画家举办过展览，在民间国际文化交流方面作出过贡献。2011年博物馆迁址于朝阳区金盏乡长店村，占地1333.4平方米，展出何扬和吴茜的现代绘画作品100幅。

馆藏珍品

何扬画作：何扬的新主题主义绘画作品《摩梭人的温泉》和宗教世俗与文字系列的《散花图》都是一级馆藏品，是从传统走向现代的代表作品。另外还有他"文化大革命"期间在牛棚里发明的拓线性技法，并创作了《牛棚里的艺术》。何扬还是中国画超写实画风的首创者，如代表作《德国海德堡》《北海濠濮间》等写实作品。

吴茜画作：吴茜的新水墨画作品也是很重要的馆藏品。她的《夜色》是法国蒙特卡洛国际现代艺术大展的入选作品，是1994年法国政府从36个国家2000多位画家8000多幅作品中选出的200多幅作品之一，吴茜的入选作品得到了文化部的嘉奖。德国最大的收藏家彼得·路德维希购买了吴茜的8幅作品，在科隆博物馆永久收藏。

相关点评

何扬、吴茜现代作品从中国文化底蕴里脱颖而出，他们研习多年的中国传统理念和艺术技巧被有机地融入作品中。何扬、吴茜现代艺术体现了中国本土现代艺术的进步和发展。

《德国海德堡》

《北海濠濮间》

中国现代文学馆

🏠 北京市朝阳区芍药居文学馆路 45 号
📞 010-57311800
🚌 公交车 119、125、409、422 路中国现代文学馆站下可到；地铁 13 号线芍药居站换 119 路可到
🚗 自驾车北四环自西向东，育慧南路 / 芍药居 53-1 出口出，向南行至十字路口，西北角可到
🕐 9：00—16：30（周一闭馆）
💰 免费（凭有效证件），团体提前预约
ℹ️ C 座为常设展览，A 座为存包处和临时展览；不能拍照

总体概述

没有巴金先生，就不会有中国现代文学馆，巴金先生晚年创作《随想录》，其中1981年2月14日为香港《文汇报》写的《创作回忆录》之十一《关于"寒夜"》和《创作回忆录·后记》中提出倡议建立中国现代文学馆，这是他一生的愿望。1985年1月5日，在中国作协第四次代表大会上，中国现代文学馆宣告正式成立。随着文物和书籍的日益丰富，2000年文学馆新馆应运而生。中国现代文学馆是一座集文学资料馆、收藏馆、图书馆、参观展览等多种功能于一身的文学博物馆，日常举办义务讲座、各种展览等文化活动。文学馆代表的是一种将文明的火种传下去的精神，教育后人，为文学的发展而努力。

馆藏珍品

唐弢文库：巴金先生曾经说过："有了唐弢文库，就有了文学馆的一半。"唐弢文库是文学馆"作家文库"中最具代表性的一个，有单独书库存放。其藏书中有许多是孤本、新善本，具有极高的参考价值和文物价值，是国家级的中国现代文学资料个人藏书库。

文学馆特色建筑

文学馆展厅及常设展览

相关点评

中国现代文学馆的文物更多的是珍贵的书籍、手稿，也有画卷、实物等，藏品丰富。在冰心展区有一幅《硃竹图》，是1946年老友陈伏庐在冰心夫妇要去日本前送给他们的。这其中有一段故事：抗战胜利后，冰心夫妇离开重庆到南京即返北京。吴文藻清华同学朱世明将军被委任中国驻日代表团团长，特邀吴文藻任团政治组组长，吴先生想趁此机会对日本社会、天皇制、宪法、工人运动等进行全面考察，但又顾及此职为国民党所派，便托人请教周恩来，周恩来力主吴先生前去。4年后回国，吴文藻再见老友陈伏庐时相互告之当年之事，当时陈老将竹子画为红色，并题字"莫道山中能绝俗，此君今已着绯衣"，是要提醒冰心夫妇要注意自己的立场。4年之后再次对话，大家便相视一笑了。

老甲艺术馆

🏠 北京市昌平区霍营老甲艺术馆
📞 010-81706415
🚃 地铁13号线霍营站换乘公交车478、681、607、371、专21、专42、462路霍营乡站下车可到；地铁8号线回龙观东大街站向东南300米可到
🚗 自驾车G6京藏高速回龙观B口出，右转走回龙观西大街、回龙观东大街，过地铁8号线回龙观东大街站后向东南300米可到
🕐 9：00～11：30，13：30～17：00（只周末和法定假日开放，其他时间团体须预约）
💰 免费

展厅

总体概述

老甲艺术馆由画家老甲筹资兴建，1997年10月正式开放，是北京最早建立的私人博物馆之一。老甲艺术馆主要陈列非常大写意艺术家贾浩义(笔名老甲)的水墨写意作品。老甲以画马著称，他用浓焦墨纵刷横涂，狂飞肆舞，其猛烈的笔触、雄强的气势，有冲洗千古、压倒一世之气概，作品被世界各地的收藏家与博物馆喜爱并收藏，人称非常大写意。馆藏100余幅作品，既有大型巨著，也有逸情小品。

展览导引

走进老甲艺术馆，展厅前的大型浮雕透着浓浓的大写意味道，再往里走是宽敞明亮的展厅。400

平方米的展厅分为一个大厅、两个中厅、两个小厅，其中大厅与中厅展示的是巨型和中型作品，小厅则以小品为主。另外艺术馆还包括图书展示区、会议室、创作室及裱画室。

馆藏珍品

《巴特尔》：国画，283厘米×191厘米

《苍生》：国画，186厘米×123厘米

相关点评

老甲的作品在"大写意"中所创造的视觉强度是前所未有的，他以一种强劲昂扬的生命激情和急风暴雨般的视觉力量一扫文人画的文弱面孔，让我们感受到的不仅是一种阳刚之气，更是一种无所顾忌的自由精神和野性力量。

他的造型是为笔墨服务的，他的笔墨表现出了其独特的个人风格，是一股阳刚正气和磅礴大气，使人们的精神为之一振，使人知道中国的绘画除了小巧秀雅、阴柔纤细画风之外，还有这种磅礴大气、发人振奋的艺术。

《巴特尔》

《苍生》

北京戏曲博物馆

🏠 北京市西城区虎坊路 3 号
☎ 010-83551680
🚌 公交车 66、102、105、14、15、23、57、715、603、822 路虎坊桥站下车可到；地铁 4 号线菜市口站 C 口出，向东 600 米可到
🚗 自驾车东三环双井桥向西，沿两广路直行，虎坊桥西南角即到
🕘 9：00—17：00（团体参观须提前预约，除夕闭馆）
💰 10 元
🏷 老年人、残疾人、学生、军人免费（凭有效证件）

总体概述

1997年9月6日，北京湖广会馆作为北京市第100家博物馆——北京戏曲博物馆宣布成立。北京湖广会馆始建于清嘉庆十二年（1807年），是湖南、湖北两省旅京人士为联络乡谊而创建的同乡会馆，至今已有200多年的历史，是目前北京仅存的建有戏楼的著名会馆之一，也是按原有格局修复并对外开放的第一所会馆。该馆原址曾为清代达官名流的故居。据史料记载，乾隆嘉庆年间有大臣在这里居住过，如刘权之、王杰等。中国伟大的革命者孙中山先生曾5次来到北京湖广会馆，并在这里召开国民党第一次大会，宣布国民党的成立，此后多次在此召开党内会议。许多梨园界的著名表演艺术家都曾在此登台献艺，如谭鑫培、陈德霖、京剧名票王君直等。修复后的戏楼，四周墙壁是博古彩绘。观众席分为上、下两层，古香古色的八仙桌整齐排列，为观众提供了舒适的环境。

馆藏珍品

子午井：清朝大学士纪晓岚在《阅微草堂笔记》中曾经记载，此井"子午二时汲则甘，余时则否，其理莫名"。因其神秘莫测，成为宣南一名胜古迹。

腰牌：京剧名伶陈德霖进宫唱戏时为清升平署所发，材质为金丝楠木，上面记述了佩带人的面部特征。

《瘦云轩受贺图》：京剧名伶陈德霖60岁大寿时，弟子梅兰芳为其定制的礼物，此物为南方工艺，图中人物所穿衣服为过去高档的丝织物，其余场景为手绘表现，此工艺俗称"堆绣"。

相关点评

重修后的会馆保持了原有的建筑风格，整体建筑古朴幽雅、阁楼宽敞、雕梁画栋、曲径通幽，以其特有的古朴与典雅成为北京南城一道亮丽的风景。

《瘦云轩受贺图》

湖广会馆戏楼

文化艺术类博物馆

Culture & Arts

153

保利艺术博物馆

🏠 北京市东城区朝阳门北大街1号，新保利大厦云楼9层
📞 010-65008117
🚌 公交车115、118、701、44、406路等东四十条桥西站下车，向东100米可到；地铁2号线东四十条站下车D口出可到
🚗 自驾车至东二环东四十条桥西南角新保利大厦可到
🕐 9：30—16：30（周日、国家法定节假日闭馆）
💰 20元，收费项目：语音导览租金10元/人（押金100元）
👥 团体观众须提前3日电话预约，现场购票，预约电话：010-65008117；零散观众现场购票
🎫 大中小学生、残疾人、军人、老年人持证免费参观（凭有效证件）；团体10人以上门票10元/人

总体概述

保利艺术博物馆是中国首家由大型国有企业兴办的博物馆，1999年12月正式对外开放。该博物馆以弘扬中华民族优秀传统文化艺术，抢救保护流散在海外的中国珍贵文物，推进企业文化建设为宗旨。10多年来，积极从海内外抢救保护中国国宝。2000年春，保利艺术博物馆在中国香港抢救保护了即将再次流失的3件圆明园国宝——猴首铜像、牛首铜像、虎首铜像。

展览导引

保利艺术博物馆位于新保利大厦云楼9层，有中国古代青铜艺术精品陈列厅和中国古代石刻佛教造像艺术精品陈列厅两个展厅。其中中国古代青铜艺术精品陈列厅展出商代早期至唐代（约公元前16世纪至公元9世纪）的青铜珍品100余件（组），展现中国古代青铜文明的发展历程与独特魅力。中

商代版方鼎

国古代石刻佛教造像艺术精品陈列厅通过30余件北朝至唐代（约公元5世纪至8世纪）的石刻佛像，勾勒出中国佛教艺术巅峰期的风采。

馆藏珍品

国之瑰宝——圆明园国宝四兽首铜像：此4件国宝，原为圆明园内海晏堂前水利钟构件，铸造于18世纪中叶清乾隆年间，因清咸丰十年（1860年）英法联军劫掠而流失海外。2000年春，中国保利集团在香港抢救保护了圆明园猴首、牛首和虎首铜像。

清代圆明园国宝四兽首铜像

青铜器展厅

2003年9月，全国政协常委、港澳著名实业家何鸿燊博士又将圆明园猪首铜像捐赠给了保利艺术博物馆。

相关点评

西周神面卣是西周早期的青铜卣，为目前所见造型和装饰最怪异、艺术水平最高的一件。卣的器盖与器身两面皆为神面，神面头有双角，双睛圆鼓，直鼻小耳，大眼暴张，龇出两颗獠牙，在威猛之中又略带笑意。即使变换位置，它的双眼仍紧紧盯着你，有摄人魂魄之感。器盖顶端站立一只枭，即猫头鹰。提梁由共用一尾的两条龙组成，龙尾上翘。提梁两端各有一个由象鼻、牛头、羊角组合而成的怪兽。器身中央部位伸出一个貘首，貘是一种食蚁兽，目前仅分布在马来西亚等东南亚热带地区。圈足部位则装饰有一头双身的龙，龙首居中前凸，龙身左右延展，恰与提梁上的双身龙相呼应。

卣上的神面就是当时人们心目中最高的神——天帝，而龙、枭、貘及怪兽等则是"天帝"属下掌管各方的神怪。商周时期的青铜器，不论造型多么复杂，表面皆以刻画的花纹作装饰，只是花纹在深浅、层次上有所区别。而这件神面卣则完全是一件立体的艺术品，具有超凡的艺术感染力，是百年难遇的艺术珍品。

西周神面卣

唐代思惟菩萨像

北齐思惟菩萨像

北京中国紫檀博物馆

⌂ 北京市朝阳区建国路 23 号
☎ 010-85752818
🚌 公交车 728、666、312、506、649 路至高碑店站下可到、115、112、718 路至康家沟站可到、615、639、488 路至太平庄站可到；地铁 1 号线至四惠东站，出站后向东步行 1000 米可到，或地铁八通线至高碑店站向西 200 米可到
🚗 自驾车自国贸向东上京通快速路，高碑店出口出高速，高碑店桥下掉头向西 150 米可到
🕘 9：00—17：00(16：30 停止入馆，周一闭馆)
💴 50 元(人工讲解：中文 80 元／次，英文 150 元／次，日文 150 元／次；语音导览：押金 200 元，租金 20 元)
学生、军人、老年人(65 岁以下)20 元，残疾人、老年人(65 岁以上)、1.3 米以下儿童、导游、记者免费，以上均凭有效证件。每周二下午由学校统一组织的中小学生团体免费

走进博物馆

北京地区博物馆大全

Museums in Beijing Area

总体概述

中国紫檀博物馆于1999年9月正式开馆，是迄今中国规模最大，集收藏研究、陈列展示紫檀艺术、鉴赏中国传统古典家具于一体的专题类民办（私立）博物馆。馆内有馆长陈丽华数十年来珍藏的明清家具陈列展示，按故宫传世珍品量身定制的传统家具精品展示，佛教文化艺术品展示，传统家具材料、造型、结构展示，雕刻工艺展示，另外还可以领略到微缩的中国古建筑景观。这些传递着东方情韵的艺术珍品，皆由珍贵的紫檀、黄花梨加工而成。

展览导引

博物馆主体建筑为四层仿古建筑。一层主要陈列清仿明代宫廷古典家具；二层东厅为乌木家具展厅以及喜房陈设，西厅主要陈列黄花梨家具；三层为古代建筑模型、馆藏珍品、金丝楠家具展厅以及根雕展厅等；四层为天坛模型。

馆藏珍品

紫檀群雕《清明上河图》大插屏：以故宫博物院珍藏的《清明上河图》为蓝本，变画为刻，以刀代笔，以雕代画，以1:6的比例复制而成，全长32.4米，重5397千克，由12扇插屏组成。

樟木根雕《西游记》：馆内最大的根雕艺术品，由连理枝樟木树根倒置雕刻而成。上面雕刻有猴王出世、大闹天宫、三打白骨精、救难小儿国等故事情节。

紫檀民宅四合院模型：紫檀四合院模型是以1:5的比例，用紫檀木制作恢复完成的一座三进院的四合院。

相关点评

紫檀珍贵固有其质色之美好绝伦，而产地偏远，生长缓慢，成材极难也是其重要原因。紫檀家具是中华瑰宝，民族骄傲。陈丽华女士不惜耗费巨资，搜购良材，延请名匠，以故宫珍藏为典范，十余年来集中工匠数百人，营建厂房几十楹，制成精品逾千件，规模成就除乾隆内府外，绝无仅有。

樟木根雕《西游记》

紫檀雕《故宫角楼》

北京工艺美术博物馆

🏠 奥林匹克花园主馆：北京市朝阳区天辰东路 8-10-12 新奥工美大厦；德胜门工美大厦分馆：北京市西城区安德路 83 号德胜门工美大厦 4 层
☎ 010-65289326
🚌 奥林匹克花园主馆：公交车 328、379、419 路洼里南口站下车，沿中轴路南行可到；地铁 8 号线奥林匹克公园站下车，E 口出可到。德胜门工美大厦分馆：公交车 44、特 12 外德胜门桥西下车，向东 900 米可到；地铁 2 号线积水潭站下车，向东 900 米可到
🚗 奥林匹克花园主馆：自驾车沿中轴路到北中轴景观大道可到；德胜门工美大厦分馆：自驾车北二环德胜门桥东北角，安德路西口可到
🕐 10：00—17：00（16：00 停止入馆）
💰 免费

总体概述

北京工艺美术博物馆成立于1987年。该馆拥有跨越3000多年历史的精美藏品近4000件，既有珍贵器物，又有名家书画，为

翡翠《三秋瓶》

珊瑚《六臂佛锁蛟龙》

我们勾勒出中国文化艺术发展的轨迹，将众多文化与艺术成就凝眸于瞬间。在诸多藏品中，尤以北京近、现代的传统工艺美术品为主，其中有人称"四大名旦"的牙雕、玉器、景泰蓝、雕漆和其他多种精品，其材质、价值、工艺技巧、艺术品位均代表了国内同行业最高水平。

展览导引

2012年，新建落成的奥林匹克花园主馆和德胜门工美大厦分馆展厅面积共700余平方米，固定展品近300件，以传统工艺美术"四大名旦"为主，其中包括一些极具影响的艺术珍品：王仲元的翡翠《三秋瓶》、潘秉衡的珊瑚《六臂佛锁蛟龙》、王树森的羊脂白玉《毛主席像》、杨士惠领衔制作的巨型象牙雕刻《飞夺泸定桥》、杜秉臣的雕漆《花篮盘》等代表了20世纪五六十年代北京传统

工艺美术的最高水平，是不可多得的国之瑰宝。

馆藏珍品

翡翠《三秋瓶》： 此作品选用高档翡翠玉料，利用其自身丰富的色彩，反映秋收季节的田园情趣。此作品曾多次出国展出，无论是从翡翠的质地还是雕琢的艺术水平，都可称为"稀世珍宝"。

相关点评

王仲元（1913—1994年），中国工艺美术大师，20世纪50年代创作了翡翠《三秋瓶》，80年代创作了翡翠《田园声色花卉瓶》和玛瑙《龙盘》《虾盘》《蟹盘》，人称"三盘之父"。这"三盘"现有两盘保存在北京工艺美术博物馆。其中从《龙盘》的雕琢可知这位老艺人独具匠心。这件《龙盘》堪称玉器一绝，是前所未有的稀世珍宝。

文化艺术类博物馆

Culture & Arts

157

中华世纪坛世界艺术馆

🏠 北京市海淀区复兴路甲 9 号
☎ 010-59802222
🚌 公交车 32、65（单行）、78、414 路玉渊潭南门站，或 1、21、68、308、320、337、728 路军事博物馆站下车可到；地铁 1 号线军事博物馆站 A 出口可到
🚗 自驾车复兴路东面行车过军事博物馆右转，从复兴路西面行车过京西宾馆右转到羊坊店路口掉头往北过复兴路口；从玉南路东西两侧行车到世纪坛停车场
🕐 9：00—17：00，周一（法定节假日除外）、除夕及遇重大活动闭馆
💴 除特展外免费
🏷 60 岁以上老年人、残疾人、现役军官、学生享受特展门票优惠政策；持《北京博物馆通票》享受特展门票二人次 8 折优惠
❗ 特展的语音导览器租用

总体概述

中华世纪坛世界艺术馆是中国第一家以世界艺术为收藏、展示、研究对象的公益性文化事业机构。它以传播世界文明、促进文化交流、普及艺术教育、服务大众需求为宗旨，以各国博物馆、艺术馆、学校等文化教育机构为合作伙伴，致力于建设一个各文明的交流平台和世界艺术的展示窗口。

自 2006 年建馆以来，世界艺术馆坚持走国际化发展道路，对世界艺术发展历程进行全面、系统、连贯有序的梳理和展示。该馆还积极开展各种学术交流、艺术普及教育活动和社会公益活动，使文明和艺术走向更广阔的公共空间。

展览导引

中华世纪坛世界艺术馆以中华世纪坛为址，主体建筑共五层。中华历史文化名人雕像环廊位于地上三层，陈列了 40 位名人雕塑。基本陈列厅和世纪大厅位于地上二层。基本陈列厅是利用艺术品实物概要地呈现世界艺术史的基本脉络；世纪大厅内设有目前国内规模最大的大型彩石浮雕拼嵌壁画《中华千秋颂》。专题陈列厅和精品陈列厅位于地上一层，是举办特展和专题展的场所。数字艺术馆位于地下一层，是举办数字艺术、多媒体展览及放映影片的场所。

相关点评

世界艺术馆是中外文化交流的重要窗口，也是把世界闻名的优秀成果介绍给我国人民的文化桥梁，通过展览，对广大的群众进行审美教育。

世界艺术馆自建馆以来举办的展览数量之多、之精、之美，应该说在近年来的博物馆展览中都是非常轰动的。这些展览对传播人类文明、沟通东西方文化的交流创造了平台，同时对提高国民的素质、提高文明程度，取得了深远的不可估量的影响。

世界艺术馆积极支持世界藏品的交流，世界艺术馆也是数字展览项目的先行者。它们通过这些数字展览和网站让参观者来了解世界范围内艺术的重大发展，也就是人类的伟大成就。

二层世纪大厅

北京服装学院民族服饰博物馆

- 北京市朝阳区和平街北口樱花东街甲2号
- 010-64288261　64288067
- 公交车13、62、367、119、361、379、419、422、602、984、运通101、运通201路中日医院站或和平街北口或和平东桥北站下车；地铁2号线雍和宫站换乘13或62路到中日医院站下
- 自驾车沿北三环自东向西，和平东桥右转至樱花园东街，前行300米可到
- 周二、周四8:30—11:30，13:30—16:30；周六13:30—16:30（寒、暑假及法定节假日闭馆）
- 免费；30人以上团体参观须预约

汉族湖蓝色缎平金五彩绣大袖女袄

总体概述

该馆成立于2000年，是中国第一家服饰类专业博物馆，也是集收藏、展示、科研、教学为一体的文化研究机构，曾荣获"全国博物馆十大陈列精品——最佳制作奖"，收藏有中国各民族的服装、饰品、织物等1万余件，还藏有20世纪30年代极为珍贵的彝族、藏族、羌族人的生活图片近千幅。

展览导引

民族服饰博物馆位于北京服装学院综合楼3层，设有少数民族服饰厅、苗族服饰厅、汉族服饰厅、金工首饰厅、织锦刺绣蜡染厅、奥运服饰厅、图片厅7个展厅。

馆藏珍品

赫哲族鱼皮衣：鱼皮服饰为赫哲族所特有，制作鱼皮衣需选用十来斤至数十斤的大鱼，加工成鱼皮、鱼线，剪裁拼缝而成，具有轻便、保暖、耐磨、防水、抗湿等优点。

察哈尔蒙古王妃银镶珊瑚头饰：此头饰典雅精致，由珊瑚编制的发箍缀有流苏，吊至额前，头两侧垂挂着玛瑙珊瑚银饰结成的长穗。

相关点评

长衣盛饰是中国北方各民族服饰的重要特色，多为大襟或斜襟式宽大厚实长袍，服装材料以皮毛、毡、氆氇和锦缎为主，装饰物则以华贵的金银、珠玉、珊瑚、松石为主。

施洞苗银龙项圈

苗族服饰厅一角

文化艺术类博物馆

Culture & Arts

159

北京金台艺术馆

- 北京市朝阳区朝阳公园西路，西1号门内
- 010-65019441
- 公交车 419、677、985 路景园站下车，621 路朝阳公园西门站下车可到
- 自驾车东三环长虹桥向东，行至朝阳公园西路南口左转，向北 200 米右侧可到
- 10:00—16:00（周一闭馆）
- 免费（团体需预约）

总体概述

北京金台艺术馆坐落于北京市朝阳公园水碓湖畔，1997年6月正式开馆，由全国政协常委、著名艺术家袁熙坤先生集资创建。金台艺术馆外形呈典雅之五台状，又邻八景之一"金台夕照"，遂定名为"金台"。艺术馆以"提高文化品位，促进民族艺术发展，增进中外文化艺术交流"为宗旨，凭借完善的设施，成功地举办了百余次高层次、高品位的国际文化交流活动，同时也是2008年北京奥运文化遗产展示地之一。

中国画《神骏呈祥》

明代紫檀座檀香木雕花大屏风

展览导引

金台艺术馆建筑面积3600平方米。馆内包括一个800多平方米、净高20米的双层大展厅，可陈列大型艺术品，另有多个面积不等的厅堂，适用于承办各类艺术展览、文化沙龙、中西式宴会、新闻发布会、研讨会议等活动。

馆内藏有极为丰富的文物艺术珍品和世界当代艺术精品，包括国画大师张大千敦煌日记手稿，齐白石、徐悲鸿的书画精品，历代翰林书法，新石器甘肃半山、马厂类型双耳彩陶壶，汉绿釉陶器，西汉整套十二生肖陶俑，唐三彩骆驼，宋暗刻菊瓣纹龙泉窑碗和内地罕见的明末输往欧洲和东南亚的八开光花鸟纹青花瓷盘等国家一级文物。

馆藏珍品

明代紫檀座檀香木雕花大屏风：287厘米×177厘米×81厘米

相关点评

近年来，馆长袁熙坤先生的多件雕塑作品被选作国礼赠送给相关国家领导人，他是因雕塑艺术而获得白俄罗斯总统（卢卡申科）颁发的"最高荣誉勋章"等国际奖章最多的艺术家，是中国文化在造型艺术领域走出国门的代表性人物。袁熙坤先生热衷于公益事业，是联合国首位"环保艺术大师"。

雕塑《三人行：孔子》

北京松堂斋民间雕刻博物馆

🏠 北京市东城区国子监街 3 号
☎ 010-56143499
🚌 公交车 13、116、117、684 路雍和宫站下车可到；地铁 2 号线、5 号线雍和宫站下车可到
🚗 自驾车由北二环雍和宫桥向南，沿雍和宫大街直行约 500 米后右转至国子监街可到
🕐 夏季（4 月—10 月）9：00—18：00，冬季（11 月—次年 3 月）9：30—17：00（全年无休）
💰 四合院免费；三雕馆 50 元；元青花馆 80 元
🏷 学生、老年人参观三雕馆 30 元，元青花馆 50 元（凭有效证件）。提供不定期免费讲解，团体观众参观须提前预约

唐朝金丝楠木大佛

元青花展厅

总体概述

北京松堂斋民间雕刻博物馆由中国著名慈善家、收藏家李松堂先生创办，被很多媒体评为中国最具教育意义的博物馆。2009 年北京举行最具特色四合院评比，博物馆四合院获得了第一名。元朝胡人瑞兽门墩在 2009 年北京举行的十大镇馆之宝评选中位列第八。

元青花富丽雄浑，画风豪放，绘画层次繁多，造型独具特色，制作精美而传世极少。历经 800 年沧桑，散落于世界各地的 90 余件元青花珍品，由李松堂先生历经 10 余载艰难收藏而来。2011 年 7 月 3 日，元青花馆正式向公众开放。

展览导引

北京松堂斋民间雕刻博物馆由四合院、三雕馆、元青花馆组成。四合院里有门墩、门楼、柱础、望头砖等千余件文物，常年免费向游客开放。主楼一层和地下室为三雕馆，收藏近 4000 件建筑构件精品。二楼为元青花馆。

馆藏珍品

四合院：乾隆二十六年（1761 年）的砖雕二龙戏珠，唐朝男身磬观音。

三雕馆：中国门墩之王——元朝胡人瑞兽门墩，清朝圆明园墨玉石马，唐朝金丝楠木大佛。

元青花馆：价值连城的萧何月下追韩信梅瓶，世界级孤品携琴访友大罐。

相关点评

中国建筑堪称世界之最，历史人物、祝福祈盼、祥龙瑞兽、自然美景等都被栩栩如生地雕刻在建筑构件上，北京松堂斋民间雕刻博物馆为我们留下了中国古代建筑的美好记忆，这些看似平常的雕刻，蕴含着中国人深厚的文化底蕴。游客可以穿越几千年的历史长廊，体会古圣先贤的智慧，品味中华文化的饕餮盛宴。

文化艺术类博物馆

Culture & Arts

北京崔永平皮影艺术博物馆

- 北京市通州区马驹桥金桥花园 16 楼 4 单元 1 层
- 010-60502692
- 公交车 542、826、976 路通州第二医院站下车可到
- 自驾车东南六环马驹桥一号桥向北直行约 200 米可到
- 9：00~18：00（全年开放）
- 20 元；外宾 50 元（含演出）

皮影戏后台

总体概述

北京崔永平皮影艺术博物馆于2004年4月正式开馆，为我国古老的濒临失传的民间艺术——皮影戏建立了一个生存与传承的空间。中国皮影戏艺术的起源距今已有2000多年。据史料考证：其始于汉，兴于唐，盛于宋，遍及全国。皮影戏艺术是中国古代劳动人民利用光和影子的自然科学原理，巧妙结合民间绘画、雕刻工艺而发明创造的一种通过光线照射下的影子活动来表演故事的戏剧形式，是目前世界上唯一的以平面造型为手段来直接进行演出的戏剧艺术品种，被誉为电影艺术的鼻祖。

崔永平先生从事皮影戏艺术40余年，编、导、演过《孟姜女》《孙悟空智取金钱豹》《水漫金山》《宝莲灯》《哪吒闹海》《小英雄雨来》《山羊和狼》《儿童乐》等优秀剧目，撰写出版专著《怎样演皮影戏》，发表论文《中国皮影史略论》《神秘奥妙的皮影戏艺术》等30余篇，是我国著名的皮影戏制作、编导和表演艺术家以及理论研究领域的专家。

馆藏珍品

清末皮影精品《十八层地狱》：保存完好，世间罕见，展出中曾有中国香港及美国、法国等多位皮影爱好者欲出高价购买。

500多个皮影人头，个个"盔发别致、忠恶分明"，中国戏曲的生、旦、净、末、丑样样特别，堪称世界"独此一家"。

相关点评

人们可以在这里看到2000多年前皮影戏的发明创造过程和500多个盔发别致、忠恶分明的头像。无论是善美的还是恶丑的，都给人一种熟悉亲切之感。熟稔的故事情节和人物形象都向人们展示着皮影艺术的魅力。

皮影人头

北京人民艺术剧院戏剧博物馆

🏠 北京市东城区王府井大街 22 号·北京人民艺术剧院首都剧场
☎ 010-85120003
🚌 公交车 103、104、104 快、108、111、420、特 11、614 路灯市西口站下车可到，101、109 路美术馆东站下车可到；地铁 5 号线东四站 D（西南）出口可到
🚗 自驾车王府井步行街新东安市场向北直行 500 米路东可到
🕙 10：30—19：00（18：30 停止入馆，周一闭馆）
💰 免费
👥 团体观众参观（20～30 人）须提前 1 日电话预约，预约咨询电话：010-65246789-6001；零散观众参观现场领票
ℹ️ 收费项目：人工讲解 50 元 / 次

前厅全景

总体概述

北京人民艺术剧院成立于1952年6月，首任院长是我国著名戏剧家曹禺，焦菊隐担任总导演，以演出郭沫若、老舍、曹禺、田汉创作的经典剧目而蜚声海内外。剧院自成立以来，共上演了古今中外、不同风格的优秀剧目300余部，形成了自己独特的演剧风格，同时也积累了大量宝贵的艺术资料。北京人民艺术剧院戏剧博物馆正是在此基础上建成的。2007年恰逢中国话剧百年华诞及北京人民艺术剧院建院55周年，北京人民艺术剧院戏剧博物馆作为国内第一家展示话剧艺术的专业博物馆，于6月12日正式向社会开放。该馆位于首都剧场4层，建筑面积约1600平方米，集馆藏、研究、展陈、社教等功能于一体，全方位地为观众展示了北京人艺的艺术发展史。

北京人艺戏剧博物馆不同于其他博物馆之处是与北京人艺的首都剧场、北京人艺实验剧场相连接，形成一个兼容话剧多项文化功能的整体。博物馆在首都剧场侧厅不定期举办专题展览，在实验剧场举行艺术讲座，增进与社会和观众的互动，为话剧的研究与交流提供了一个更开放的空间。

展览导引

本馆包含9个展厅：序厅、历史厅、剧院创始人厅、剧目一厅、剧目二厅、剧目三厅、舞美厅、理论与教学厅、学术厅。丰富的图片、文稿以及舞台美术模型、服装、道具构成展陈主体，集中展示北京人艺60年的建院历史以及曹禺等剧院奠基人的生平和艺术成就。博物馆内开辟有艺术形象走廊，展出了人艺几代艺术家60年来塑造的众多艺术形象。

文化艺术类博物馆

Culture & Arts

163

馆藏珍品

馆藏文物：该馆的馆藏文物具有独特的艺术史料价值，如曹禺、焦菊隐先生的创作手稿，郭沫若、老舍、沈从文先生参与剧目创作过程的往来信函，表演艺术家朱琳、于是之等人撰写的演员日记以及几代艺术创作者制作的舞台艺术精品，共同向观众讲述了发生在台前幕后的动人故事。

相关点评

在长达60年的艺术实践中，北京人民艺术剧院始终坚持现实主义的创作风格，不断进行话剧民族化的探索与实践，形成了独树一帜的表演风格和世所公认的"北京人艺演剧学派"，培养并成就了在中国话剧界独占鳌头的老一辈艺术家群体和优秀中青年演员群体；有数十部剧目荣获国家级艺术大奖；一批经典保留剧目作为我国对外文化交流的"名片"，多次赴境外演出，赢得了崇高声望，剧院演出的《茶馆》被西欧评论家誉为"东方舞台上的奇迹"。

北京人民艺术剧院戏剧博物馆作为国内第一家展示话剧艺术的博物馆，开馆5年来赢得了海内外观众的一致好评。

演员墙

舞美厅

艺术家长廊

北京百工博物馆

北京市东城区光明路乙 12 号

010-67111381

公交车 8、12、34、35、36、41、707、686 路光明楼站下车可到，6、60、116 路北京体育馆站下车可到；地铁 5 号线天坛东门站下车出 B 口可到

自驾车东二环光明桥以西 500 米，天坛公园东门 1000 米可到

9：00—17：00（全年开放）

免费；体验手工活动须提前 1 周预约（收费），电话：010-67112480

团体观众参观须提前预约，电话 010-67111381；个人参观无需预约

京城百工坊北门

总体概况

北京百工博物馆（京城百工坊）成立于2003年，占地面积2公顷，是北京传统工艺美术的保护基地，展示工艺美术大师和技艺

京城百工坊校外课堂

的"活"的博物馆。京城百工坊堪称京城第一坊，现有近百个工艺美术种类，既有玉器雕刻、象牙雕刻、景泰蓝制作、雕漆、花丝镶嵌、京绣等传统宫廷艺术为代表的"燕京八绝"，又有面人、泥人、料器、内画、剪纸、紫砂壶、木雕、铜艺等民间工艺近30个手工艺人的技艺表演。同时，还开设了手工艺讲座，让游客自己动手制作手工艺品。

相关点评

"百工"一词最早见

于春秋战国时期齐人所著《考工记》，是中国古代对宫廷中为王公贵族制作工艺品的工匠们的总称。取名"百工坊"意在表明它是中国工艺美术品种和大师的荟萃之地，含有传承古老的工艺美术文化之意。

作为东城区传统特色文化旅游景点，京城百工坊吸引了国内外各界朋友前来参观，它曾接待过"中非合作论坛"的非洲国家总统夫人、参加"欧亚中小型企业部长级会议"的部长夫人们、国际奥委会主席的夫人安妮·罗格女士、中国香港特首曾荫权先生、约旦参议院秘书长哈拉夫·哈米萨特先生，并曾应邀为美国国务卿希拉里·克林顿进行传统手工技艺表演等。国际旅游联合会主席埃里克·杜吕克先生在参观百工坊后欣然题词道："这里是中华人民共和国的卢浮宫"。

文化艺术类博物馆

Culture & Arts

165

中国电影博物馆

⌂ 北京市朝阳区南影路 9 号
☎ 010-51654567
🚌 公交车 402、418、688、973 路南皋站下车可到
🚗 自驾车东直门一机场高速（酒仙桥出口）一酒仙桥路一大山子环岛一环铁北桥一南皋路、南影路－中国电影博物馆或望京一大山子桥一酒仙桥路一环铁北桥一南皋路、南影路一中国电影博物馆可到
🕐 9：00－16：30（15：30停止领票，16：00停止入馆，周一闭馆）
✉ 个人预约须提供预约人姓名及身份证等信息，每个证件（身份证、驾驶证、护照）每日限预约3张参观票，由工作人员告知预约号；团队参观预约须提供单位名称、联系人及联系方式等信息
预约时间：每周二到周日9：00—16：30
! 观影需要收费，参加馆内互动项目需要收费

郑正秋的书房用具

总体概述

中国电影博物馆是目前世界上最大的国家级电影专业博物馆，于2005年落成，2007年正式对公众开放，2008年免费开放。博物馆展示了中国电影从1905年到2005年走过的百年历程，是目前我国乃至全世界第一次完整呈现中国电影发展史和电影制作技术的大型综合展览。

展览导引

中国电影博物馆设有20个展厅，其中序厅、1至10展厅位于二层和三层，以展示中国电影百年历程和电影艺术家的成就为主。11至20展厅位于四层，以展示电影制作技术和电影知识，揭示电影制作的奥秘为主。

馆藏珍品

郑正秋的书房用具：在中国电影博物馆第二展厅陈列着一组20世纪初的书房用具，它们曾经的主人正是中国电影的开拓者之一，中国最早的电影编导郑正秋（1889—1935年）。郑正秋一生编导的影片有40余部，1913年与张石川共同创作了中国第一部故事片《难夫难妻》，而该片剧本正是郑正秋在这张书桌上编写的。这套在近百年的历史中被保存下来的珍贵藏品，是中国电影早期发展阶段的重要见证，是该馆的一级藏品。

相关点评

中国电影的开拓者——任庆泰肖像照的金属底版及照片：任庆泰导演拍摄了中国第一部电影《定军山》，从此中国电影诞生。这件藏品已有近90年的历史，至今保存完整，2008年，经专家鉴定为一级文物。

吴印咸在延安时制作的纪录片《延安与八路军》照片素材集：在第八展厅，摆放着一本由吴印咸亲手制作的影集，这本影集已走过70多年的历程，记录下了很多珍贵的八路军历史资料，这些照片为后人了解历史提供了真实的资料。

北京励志堂科举匾额博物馆

🏠 北京市朝阳区高碑店文化街 136 号
☎ 010-87739655
🚌 公交车 363、455 路半壁店站下，换乘 541 路终点站下，向北（高碑店文化街内）可到；地铁八通线高碑店站下，向南过铁路桥左转（高碑店文化街内）可到
🚗 自驾车两广路小郊亭左转弯；或京通快速高碑店出口向南，过铁路桥左转
🕐 9：00—16：00（周一闭馆）
💴 40 元
🈹 中小学生、军人、残疾人等半价（凭有效证件）

仿制大金榜

总体概述

代起儒风、协辅文教：科举制度所形成的文化，是中国的主流文化。是它决定和影响了中国历史的进程。北京，800 年帝王之都，800 年间，科举最高等级的会试、殿试，多数都在北京举行。此间在北京考出了 250 余名状元，近 5 万名进士。该馆以展陈众多的科举匾额和科举文化为切入点，引申出厚重的历史文化，让更多人在了解科举制度的同时，进一步解读国学，更好地传承悠久的历史文化。

该馆藏品丰富、层次分明，共收藏有关科举文物 1000 余件，其中木石匾额 600 余方，仅石刻匾额就达 50 方之多。收藏有明、清 32 名状元题写的匾额 40 余方，以及 13 名榜眼和 12 名探花题写的匾额。年代最久的明永乐十六年（1418 年）的"状元及第"匾，距今近 600 年历史。

馆藏珍品

元代石刻"科举门"： 这座石牌坊，顶部为元代真迹遗存，据石刻专家多方考证，直接刻有"科举门"的石坊，这在目前国内为仅见。在石坊上直接刻写"科举门"，明确地表明和反映了在元朝为官的汉人，希望实行科举和反对停止科举的明确态度。此坊为整块的汉白玉石雕刻而成，刻工严谨精美。

相关点评

经实地考评，馆长姚远利先生的收藏品无论从质量到数量，在北京范围内都是一流的，现有的展览陈列也具有一定的教育意义，知识体系较为完整，所以该馆可以弥补北京博物馆门类中的一个空白，对于中华传统文化的传播具有积极意义。

元代科举门

院内凉亭

明代石雕

文化艺术类博物馆

Culture & Arts

中国邮政邮票博物馆

北京市东城区建国门内贡院西街6号D座
010-65213894　65213816
公交车1、37、52、99、120、126、420、457、728、特2路北京站口东站下；地铁1号线、2号线建国门站下车，出A口
自驾车建国门内大街长安大戏院东侧向北100米可到
9：00—16：00（周一闭馆）
免费

总体概述

中国邮政邮票博物馆是收藏和利用邮政、邮票文物进行学术研究与交流的国家级专业博物馆，它向观众展示了中国邮政的起源和发展历程以及丰富多彩的中外邮票。

展览导引

邮政展厅分古代邮驿、近代邮政和当代邮政3个部分。这3个部分通过珍贵的文物、档案、场景模拟，展现了3000多年我国从邮驿到邮政的发展历史和现状，以及邮政与国家政治、经济、文化等各方面的密切联系。邮票展厅分主展厅、特展厅、珍宝馆3个部分。主展厅展出了中国各历史时期邮政主管部门发行的邮票和部分外国邮票；特展厅展出了博物馆收藏的部分邮票设计原图，这些原图大都是中国当代名家之作；珍宝馆展出的是自清代以来各历史时期所出现的珍稀邮票。博物馆还有计划地配合各个重要的历史性事

邮票展厅

件开展一些专题性的邮票展览。

馆藏珍品

红印花加盖小字"當壹圆"旧票：红印花原票是清政府委托英国伦敦华德路公司印制的印花票。因清光绪二十二年（1896年）清政府开办国家邮政，迫切需要各种面值的邮票，故在未用的3分红印花原票上加盖"大清邮政""當×圆"或"暂作洋银×分"等字样，于1897年2月2日发行。其中加盖小字"當壹圆"票，新票存世32枚，旧票仅此一枚，为世界孤品。

相关点评

随着集邮活动的开展，越来越多的人参与到集邮活动中。如何识别邮

"當壹圆"旧票

古代铜马车

票真伪、品相优劣，就成为广大集邮者关心的问题之一。初涉集邮活动的朋友，应尽量了解一些邮票印制工艺方面的知识，多看些有关集邮活动的书籍，了解集邮的基本规则。

北京东韵民族艺术博物馆

- 北京市朝阳区孙河乡前苇沟村村北甲1号
- 010-84329101
- 公交车641、955、935、359路东苇路站下车可到
- 自驾车走机场高速东苇路出见红绿灯左转，前行50米见红绿灯右转，前行掉头，至加油站南路口右转，前行50米右转可到
- 9：00—18：00
- 60元
- 团体观众参观提前1周预约；零散观众参观提前3天预约；预约电话：010-84329101，84329102
- 中小学生、残疾人、现役军人票价30元（凭有效证件）

服饰厅

总体概述

北京东韵民族艺术博物馆是一座具有民族特色的私立博物馆，陈列着馆长王东旭先生20多年历尽千辛、倾其所有、走遍民族村寨搜集来的数千件（套）体现不同民族风土人情及生活状态、记载着民族智慧和情感的服饰及文化实物。

展览导引

博物馆北楼为民俗文物展厅和休息室、会客室。民俗文物展厅主要展示中原地区的先辈使用过的生活用具、生产劳动工具、交通工具、古建筑组成部分、古老木雕等民俗实物。博物馆东楼一层是少数民族服饰厅，展示了近30个民族的纺织、染织、刺绣、蜡染、编织物、银饰等古老的服装服饰和手工艺品。

相关点评

这些精美绝伦的手工艺品，图案古老而神秘，体现了我们先辈的勤劳与智慧，以及对生活、对生命的热爱，对美好未来的期盼。蒙藏厅主要展示了蒙古族、藏族的宗教用具、佛教雕塑、戏剧面谱等民族宗教用品。这些宗教文物内涵深邃，为我们探寻研究祖先的精神世界提供了重要参考。

海南龙被

文化艺术类博物馆

Culture & Arts

169

北京韩美林艺术馆

⌂ 北京市通州区梨园镇九棵树东路 68 号
☎ 010-59751888
🚌 公交车 938、810、801、802、806、807、924 路通州小街桥东站下，前行 150 米右侧；地铁八通线临河里站下车出 B 口向西 50 米可到
🚗 自驾车走京通快速至八里桥收费站出，沿京津公路／八通线，至地铁八通线临河里站西侧可到
🕐 9：00—17：00（16：00 停止入馆，周一闭馆）
🎫 免费不免票
👤 个人参观采取实名制登记，请在票务部凭有效证件登记领取门票后按顺序入馆参观；团体（10 人以上）参观须提前 1 日通过电话或网站进行预约，预约电话：010-59751888。团体观众参观免费提供中、英文讲解服务
🅂 免费提供轮椅、童车、无障碍通道等服务设施

走进博物馆

北京地区博物馆大全

Museums in Beijing Area

总体概述

2006年，韩美林先生将几十年来潜心创作的2000件艺术作品捐赠给了北京市通州区人民政府。为了收藏、陈列这些珍贵的作品，通州区政府在梨园文化主题公园内兴建了一座面积近1万平方米、融合东西方建筑美学理念的艺术殿堂。2008年6月，北京韩美林艺术馆在通州正式落成。2011年12月26日至2012年2月8日，韩美林艺术大展在国家博物馆举行，这是国家博物馆历史上首次艺术家个展。借此次大展的机缘，北京韩美林艺术馆展陈焕然一新，除展出部分新作以外，iPad墙、触摸屏书桌、3D建模等现代多媒体技术继续为观众提供完美、时尚动感的观赏体验。

展览导引

全馆包括序厅、陶瓷·工艺品厅、设计·装饰绘画厅、雕塑厅、国画书法厅、新作厅、影视厅、制作车间、艺术品商店以及周边的天书楼、陶吧等相应的文化设施，为艺术爱好者们提供了参观、交流、互动的文化平台。

馆藏珍品

《再造乾坤》汉白玉雕塑：直径2米。韩美林先生打破了传统平面的太极图案，将其设计成1到10个面翻转变化的立体太极，寓含天地轮回、自由变化，也是韩美林先生艺术精髓的体现。

相关点评

该馆由我国著名建筑师崔恺先生设计。他的设计理念是：艺术馆作为梨园主题公园的一部分，其位置与形态对公园的空间格局产生了重要影响。如果我们把整个公园看作是一幅自然山水画，那么艺术馆正好是作画完毕盖的一个印章。印章与画的关系对应着艺术馆与公园的关系，彼此缺一不可，相得益彰，而书法与篆刻恰好是韩先生艺术创作的一部分，因此选用"美"字作为艺术馆的平面图案原型，将书法的笔画与建筑的功能空间相对应。同时，"美"字既为韩先生名字中的一字，又可理解为美学、艺术之美，具有写实与抽象的双重特性。

《再造乾坤》汉白玉雕塑

序厅

北京空竹博物馆

🏠 北京市西城区报国寺小星胡同9号
☎ 010-83115726　83163256
🚌 公交车5、6、19、38、40、57、78、201、381、477、613、676、687、715、717、741、917、特5路广安门内站下车可到
🚗 自驾车自东向西沿广安门内大街直行，报国寺西侧可到
🕐 9：00—16：00（周一闭馆）
💰 免费免票
🏷 周五、六、日9：00—11：00有空竹教练义务教授抖空竹技法
🎯 抖空竹

博物馆正门

总体概述

北京空竹博物馆建于2009年，是以展示国家级非物质文化遗产项目"北京抖空竹"为主题的博物馆。该馆设有史话篇、工艺制作篇、抖空竹技艺篇、空竹传承保护篇等4个展览部分，设有空竹制作和销售互动展示区域，同时义务教授空竹爱好者学习抖空竹。

展览导引

博物馆共设3大展厅。四合院的北房是综合展览大厅，分历史、工艺、技法三大方面展示空竹的发展演变历程、制作空竹技艺的流变及抖空竹的各种花样。西厢房是传承与保护展厅，这座展厅完整记录了广安门街道办事处从建主题广场、出典籍、进校园到荣耀地参加无与伦比的北京奥运会开幕式垫场演出，在传承与保护空竹文化方面作出的贡献与努力。东厢房是现场演示和互动展厅，博物馆特意将制作空竹所需的小车床、工具、台案等设备搬进展厅，以便让观众更好地了解空竹制作的全过程。博物馆专门邀请国家级抖空竹技艺传人李连元带领广安门内街道空竹队的志愿者组成博物馆解说阵容，为观众专职讲解。

相关点评

真实、鲜活地展示了空竹民俗文化的发展历史、空竹制作工艺和抖动技法，以及不同地域、不同时期、不同种类的空竹实物。

空竹展品

中国象棋空竹

北京奥运福娃空竹

文化艺术类博物馆

Culture & Arts

171

盛锡福博物馆

⌂ 北京市东城区东四北大街 368 号
☎ 010-64076488
🚌 公交车 106、116、684 路钱粮胡同站下车，东四五条西口北面可到；地铁 5 号线、6 号线东四站下车，出东北口北行 460 米可到
🚗 自驾车东单路口往北，进入东四北大街后继续北行 500 米可到
🕐 周一至周五 9：00～16：00（周末闭馆）
💰 免费
✉ 团体观众提前 1 天电话预约，预约电话：010-64076488；讲解及现场表演：团体免费讲解及表演
❗ 个人不提供讲解；车位紧张

走进博物馆

北京地区博物馆大全

Museums in Beijing Area

总体概述

盛锡福博物馆于2008年6月开始筹建，2010年6月建成开馆，是公益性帽文化博物馆。通过深入发掘中华冠帽历史文化和百年制帽技艺、盛锡福历史文化，将物质文化遗产和非物质文化遗产融于一体。博物馆的建立以"追溯中华冠帽历史文明，继承传统冠帽制作技艺，发展冠帽文化"为宗旨，保护文化遗产，传承盛锡福皮帽制作技艺，在传统与现代之间走出一条新路，再现中国传统帽文化的辉煌。

展览导引

盛锡福博物馆建筑风

清代帽盒

格吸纳了老北京四合院的传统元素，有盛锡福发展历史展厅、皮帽制作技艺传承人工作室、民族帽展厅、古代冠帽展厅几大主题展厅。盛锡福发展历史展厅记述了百年老号盛锡福的创业、传承与发展史和我国近代帽文化的历史轨迹。在皮帽制作技艺工作室，现场展示国家级非物质文化遗产项目——皮帽制作技艺；在民族帽展厅，展示苗族、彝族、新疆塔克族等多个少数民族的精美帽子及饰品；在古代冠帽展厅，展示从汉代皇帝的御冕到清代帝后冬朝冠。

馆藏珍品

为孙中山先生制作的海龙皮帽（复制品）：20世纪20年代盛锡福为孙中山制作的海龙皮帽（复制品）。此帽是按照宋庆龄故居实物帽样原样复制。

为周恩来总理制作的呢帽（复制品）：在博物馆

历代帝王冠帽

最显著的位置陈列着20世纪50年代为周恩来总理制作的毛哔叽圆顶帽（复制品）。此帽是按照江苏淮安周恩来纪念馆实物帽样原样复制而成。

相关点评

盛锡福创立于1911年，是我国知名的近代民族工商业企业，从创业初期至今，从民间"头戴盛锡福"的美誉到成为国家级非物质文化遗产项目，不仅显示了中华民族悠久的冠帽历史文化和传统服饰文明，也将弥足珍贵的中华冠帽文化和精湛的制帽技艺代代相传，不断创新发展。

INDEX

索引

Index